Wenn man weder mit sanftem Druck noch mit unsanftem Rumnörgeln weiterkommt, hilft manchmal nur der Griff in die Beziehungstrickkiste. Johannes Hayers und Mia L. Meier haben die besten Ideen von ganz normalen Paaren gesammelt. Etwa von Eva, die ihrem Mann Johann vorgaukelt, sie habe Mäuse in der Garage gesehen, damit er dort endlich aufräumt. Oder von Gabi, die ihrem nachts herumstreunenden Patrick mit Suchzetteln an Bäumen und Laternen wie einem verlorenen Kater nachspürt. Das Erstaunliche – alle erkannten: Mit Humor lässt sich am Ende auch leichter über Beziehungsprobleme reden.

«Solche Tricks und Anekdoten sind lustig und haben noch Jahre hohen Erinnerungswert.»
(Kölner Stadtanzeiger über *Schnall dich an, sonst stirbt ein Einhorn!*)

Johannes Hayers arbeitete in der Marktforschung und in der Unternehmenskommunikation, bevor er als Autor zu Hörfunk und Fernsehen wechselte. Sein Buch *Schnall dich an, sonst stirbt ein Einhorn!*, das er zusammen mit Felix Achterwinter schrieb, wurde zum Bestseller. Johannes Hayers lebt in Düsseldorf und ist trotz der vielen Beziehungstricks noch immer kein Single.

Mia L. Meier studierte Kulturwissenschaften, arbeitete im Marketing und schreibt heute für den Hörfunk und verschiedene Zeitschriften. Mia L. Meier lebt in Freiburg, ist Mutter eines Sohnes und wegen der vielen Beziehungstricks noch immer verheiratet.

Johannes Hayers   Mia L. Meier

Du bist viel schöner, wenn ich recht habe

Nicht ganz legale Beziehungstricks

Rowohlt Taschenbuch Verlag

Originalausgabe
Veröffentlicht im Rowohlt Taschenbuch Verlag,
Reinbek bei Hamburg, Juni 2016
Copyright © 2016 by Rowohlt Verlag GmbH, Reinbek bei Hamburg
Umschlaggestaltung ZERO Werbeagentur, München
Umschlagabbildung FinePic, München
Graphiken im Innenteil Johannes Hayers
Satz Georgia PostScript (InDesign)
Gesamtherstellung CPI books GmbH, Leck, Germany
ISBN 978 3 499 63134 4

Inhalt

Vorwort 7

Innere und äußere Werte 9

Nörgelnder Beifahrer 11
Die Keine-Cellulite-Elite 17
Der Standardablaufplan 22
Miss Miese Laune 29
Ein Mann der Wissenschaft 32
Scheidungsgrund 37
Frauen hinterhergucken 40
Die Wahrheit über Eskimos 44
Lust auf … 50
Panik mit Pärchen 53
Der Rumtreiber 58
Die alte Kaffeemaschine 61
Ein cooles Paar 65
Undank verpflichtet 70
Intime Bilder 74
Männer verschenken keine Blumen 80
Die Frage aller Fragen 85
Späte Lust 89
Männermode 92
Er wollte niemals auseinandergeh'n 95
Der neue Kühlschrank 99
Bin ich schön? 103
Das Verwöhnaroma 108
Der Mann hat einen an der Kirsche 112
Geld allein 116

Recht und Ordnung 121

Der unvergessliche Hochzeitstag 123
Batman oder Badmann 127
Aufräumkommando 133
Autoerotik 137
Putzen ist geil 141
Väter der Klamotten 144

Müll runterbringen? 147
Die besten Argumente 150
Zimmer mit Einsicht 153
Du bist nicht ganz sauber 158
Normale Vergesslichkeit 164
Vertrauen 167
Keine Kunst aufzuräumen 171
Fauler Sack 175

Allein ist man weniger zusammen 179

Weglaufen im Kaufhaus 181
Nerd ohne Leidenschaft? 184
Buongiorno, John Porno 190
Das beste TV-Programm 193
Meditieren ist menschlich 198
Meine liebe verfressene Frau 203
Der Computerexperte 206
Schwierige Schwiegereltern 210
Der Fremdgehtest 213
Sich aufregen bringt Segen? 216
Der inkonsequente Papa 220

Kommunikation ist alles … oder nichts 227

Handy-Maniac 1 229
Handy-Maniac 2 233
Zuhören 235
Du bist wie deine Mutter 238
Richtig hinsehen 242
Paaranoid, Junkmail for you 246
Verbotene Wörter 252
Lach nicht, wir streiten! 257
Ich bin dir hörig 262
Kommunikationskrise 267

Vorwort

Liebe Leserin, lieber Leser,
geben Sie uns recht, dass dies ein außergewöhnlich gutes Buch ist? Ja? Na dann können wir Ihnen ganz offen und ehrlich sagen: Sie sind sehr attraktiv! Geradezu schön! Doch, tatsächlich, denn Attraktivität hängt direkt von der Zustimmung ab. Das haben wir von Alexandra gelernt. Wie wir überhaupt sehr viel gelernt haben, als wir Frauen und Männer für dieses Buch nach ihren Beziehungstricks fragten.

Wir haben zum Beispiel gelernt, wie man unauffällig testet, ob der Partner fremdgeht, wie man jemanden dazu bringt, total erregt das Haus zu putzen, wie man es schafft, für den anderen abzunehmen, ohne an Gewicht zu verlieren, und wie der Partner aufmerksam, leidenschaftlich, ordentlich und großzügig wird, und das mit einem Lächeln.

Diese ganz normalen Paare haben für ganz normale Beziehungsprobleme nicht ganz normale Lösungen gefunden. Und von denen haben wir uns die frechsten, kreativsten und witzigsten herausgepickt. Sicher, bei einigen Beziehungstricks werden sich Paartherapeuten die Haare raufen, aber bei anderen vielleicht auch die Ohren spitzen. Obwohl dieses Buch kein ernster Ratgeber ist, haben wir doch bemerkt, wie die Paare leichter über Beziehungsprobleme reden konnten, wenn der Humor die starren Frontlinien aufweichte. Es heißt, die Liebe sei ein Schlachtfeld. Wenn das stimmt, ist das Wirksamste ein entwaffnendes Lachen.

Wir wünschen Ihnen verboten viel Vergnügen bei den nicht ganz legalen Beziehungstricks.

Mia L. Meier & Johannes Hayers

Innere und äußere Werte

Nörgelnder Beifahrer

«Ein Drittel der Männer sitzt völlig entspannt auf dem Beifahrersitz», zitiert Kati eine Autozeitschrift und schüttelt den Kopf: «Das soll wohl ein Witz sein. Dieses Drittel hat mit Sicherheit die Umfrage nicht richtig verstanden, die meinen bestimmt, sie sind völlig zufrieden, ja, aber mit sich. Ich kenne überhaupt keinen Mann, der mit seiner Frau am Steuer zufrieden ist.»

Katis Mann ist da keine Ausnahme. Ganz im Gegenteil. Kati würde lieber mit einer Horde betrunkener Schimpansen, einem sehr schlecht gelaunten Elefanten, einem sehr gut gelaunten Versicherungsvertreter und fünf hyperaktiven Ich-muss-mal-wann-sind-wir-da-ich-will-ein-Eis-Kindern in einem Auto sitzen als mit ihrem Mann. Denn alle zusammen würden sich auf ihrem Beifahrersitz vermutlich menschlicher verhalten als Olaf.

«Jetzt blinken, Kati.»

«Ja.»

«Und jetzt gib Gas.»

«Jaja.»

«Noch mehr Gas, du musst früher schalten. Du musst schalten!»

«Olaf, ich fahre einen Automatik!»

«Ach ja.»

«Ja!»

«Trotzdem.»

«Was?»

«So, jetzt fahr, Kati, fahr!»

«Es ist Rot.»

«Na ja, selber schuld. Warum fährste auch nicht bei Grün?»

«Weil nicht Grün war, sondern Rot.»

«Ach ja?»

«Ja.»

«Oh, oh, da! Vorsicht, Kati, da kommt ein Radfahrer!»

«Ja, weil der jetzt Grün hat.»

«Aha, der hat's also noch bei Grün geschafft. Hm, guck mal, du hast dein Handy nicht an die Freisprechanlage angeschlossen.»

«Olaf, am liebsten würde ich in meinem Auto im Moment auf jegliches Freisprechen verzichten!»

«Ach ja? So, wir haben Grün, jetzt ist grün, fahr, Kati, es ist grün, fahr, fahr!»

«Ich fahre ja!»

«Aber wann? Wann?»

«Jetzt!»

«Zu spät.»

«Wieso?»

«Jetzt hat hinter uns einer gehupt. Haste gehört? Da hat einer gehupt!»

«Ja, Olaf, hab ich gehört.»

«Dauernd hupen die Leute wegen dir.»

«Es hat nur einer gehupt.»

«Nein, letzte Woche auch schon mal. Da hat auch schon einer gehupt.»

«Du hast dir das Hupen von letzter Woche gemerkt?»

«Ehrlich, Kati, wegen mir musste noch keiner hupen. Keiner.»

«Na das ist ja 'ne tolle Lebensleistung. Bravo. Vielleicht wird mal 'ne Fahrschule nach dir benannt.»

«Ach, jetzt fahr doch endlich!»

«Ich fahre doch. I c h f a h r e d o o o c h !»

«Kati, jetzt reagier bitte nicht so gereizt. Dafür gibt es wirklich überhaupt keinen Grund. Und jetzt fahr, Kati, fahr, fahr! Neinneinnein, du bist ein echtes Verkehrshindernis! Gleich hupt wieder einer. Gleich hupt wieder einer! Neinneinnein, also wegen mir musste noch keiner hupen!»

Abends stellte sich heraus, dass nicht Kati, sondern Olaf das Verkehrshindernis war. In der Psychologie Geschulte wissen selbstverständlich, was gemeint ist. Die Lust einer Frau, der Wunsch nach Nähe und Sexualität, speist sich aus Erlebnissen des ganzen Tages. Das weibliche Lustgefäß will mit wertvollem Destillat aus klugen Gedanken, liebevollen Aufmerksamkeiten und Zärtlichkeit verheißenden Komplimenten gefüllt werden. «Wegen mir musste noch keiner hupen» lässt dieses Gefäß schneller trocknen als einen Wassertropfen auf einer heißen Motorhaube. Vom Beifahrer zum Beischläfer ist es da ein weiter Weg, was für beide auf Dauer keine befriedigende Lösung ist. Aber wie macht man aus einem nörgelnden Beifahrer einen verständnisvollen?

Der Trick: Nachtigall, ick hör dir hupen
Von Kati, 35, für ihren Mann Olaf, 39

Einige Zeit später fiel Kati beim Aufräumen ein Aufkleber in die Hände, den ihr Mann irgendwann einmal von seinem albernen Kumpel Peter geschenkt bekommen hatte. Auf dem Aufkleber stand: «Hupe, wenn du den FC Bayern liebst!» Olaf ist Dortmund-Fan, dieser Autoaufkleber hat nie sein Auto gesehen. Kati klebte den Aufkleber auf einen großen Kühlschrankmagneten und steckte ihn in ihre Tasche. Als ihr Mann das nächste Mal an der Reihe war zu fahren und sein Auto aus der Garage holte, ging sie einmal unauffällig ums Auto herum und pappte den Aufkleber mit dem Magneten hinten auf den Kofferraum.

Nörgelnder Beifahrer

Gespannt saß Kati auf dem Beifahrersitz und freute sich auf das erste Hupen. Sie wurde enttäuscht. Bei ihr hupen sie schon, wenn sie mal eine Zehntelsekunde zu spät losfährt, und bei Olaf tat sich nicht einmal etwas, wenn die Leute dazu aufgefordert wurden. Aber dann, an der zweiten Ampel ging es los. Ein Wagen hupte, und sofort regte sich Olaf auf.

«Was ist denn mit dem, spinnt der?»

Kati grinste in sich hinein. Keine 500 Meter weiter hupte ein junger Golffahrer und zeigte Olaf sein Missfallen, indem er mit dem Daumen nach unten zeigte. Offenbar kein Bayernfan. Und Olaf, nichtsahnend, fasste das natürlich als Beleidigung auf.

«Ja, was? Was willst du? Fahr nach Hause, Idiot!»

Ich sage noch nichts, dachte Kati, ich warte noch. Sie kontrollierte ihr Gesicht im Schminkspiegel. Nein, kein Grinsen zu sehen. Aber dann hupte der Nächste, und noch einer und wieder einer. Das war Musik in Katis Ohren, ein wunderbares Hupkonzert. Sicherheitshalber kontrollierte sie noch einmal ihr Grinsgesicht im Rückspiegel. Alles bestens.

«Drehen heute denn alle durch? Das kann doch nicht wahr sein. Kann das wahr sein, Kati?»

Jetzt merkte Kati, wie ihr das Grinsen in die Backen rutschte. «Äh … weiß nicht», versuchte sie es wegzudrücken.

«Oder ist irgendwas mit dem Auto?»

Olaf hielt an. Sollte der Trick jetzt auffliegen? Nein, Kati war schneller. Sie stieg aus, nahm den Aufkleber ab und tat so, als ob sie das Heck inspizieren würde. «Ich sehe nichts, hier nichts, da nichts, ist nichts.»

Olaf kam dazu: «Vielleicht raucht der Auspuff?»

«Oder vielleicht fährst du heute anders als sonst?», fragte Kati unschuldig.

«Ich? Anders? Wie das denn?»

«Ich weiß nicht, vielleicht bist du nicht schnell genug losge-fahren?»

Olaf stieg wieder ein. Kati ging noch einmal zurück und knallte den Aufkleber wieder aufs Auto. Keine zwei Minuten später hupte wieder jemand.

«ICH DREHE DURCH!»

Ja, genau, dachte Kati, jetzt bist du in dem Zustand, in dem ich mich befinde, wenn du neben mir sitzt.

Zu Hause angekommen, nahm Kati den Aufkleber wieder ab und steckte ihn in ihre Tasche, ohne dass Olaf etwas davon mitbekam. Kati nahm diese Gelegenheit aber auch für ein paar-therapeutisches Gespräch wahr: «Jetzt siehste mal, wie ich mich fühle, wenn die Leute hupen. Und ich kann auch nichts dafür.»

«Du hast recht, Kati, die Leute sind verrückt. Die sind alle ver-rückt. Das liegt nicht an dir.»

«Und hab ich dich kritisiert, als die gehupt haben?»

«Nein, wieso?»

«Kritisiere ich dich sonst beim Autofahren?»

«Nein, warum fragst du?»

«Weil du das bei mir machst. Und dann fühle ich mich so unge-recht behandelt wie du dich heute. Kein gutes Gefühl, oder?»

«Hm ...» Olaf dachte nach. Nachdem Kati schon zigmal ver-sucht hatte, ihm das Nörgeln argumentativ auszutreiben, hatte sie jetzt zum ersten Mal das Gefühl, dass die Botschaft bei Olaf angekommen war. Tatsächlich hat sich sein Verhalten seither verbessert. Und wenn er wieder rückfällig wird, hat Kati immer noch den Aufkleber in petto.

Kati weiß, dass nicht jede Frau, die unter ihrem Beifahrer lei-det, diesen Trick so leicht nachmachen kann. Und wenn, ist viel-leicht nicht jede damit erfolgreich. Darum hat Kati zusammen mit uns die Vorlage für einen Aufkleber entworfen, der diesen

Nörgelnder Beifahrer

armen Frauen zumindest das Mitgefühl anderer Frauen zusichert. Wer weiß, wenn Sie demnächst am Steuer eines Autos mit diesem Aufkleber sitzen, kommt vielleicht plötzlich eine Frau auf Sie zu, schüttelt Ihnen die Hand und sagt: «Mein aufrichtiges Mitgefühl!» Das wäre eine nette Geste. Vor allem wenn Ihr Mann gerade auf dem Beifahrersitz hockt.

Sie können diese Vorlage (groß und in Farbe) kostenlos herunterladen auf www.johanneshayers.de.

Die Keine-Cellulite-Elite

Um jünger auszusehen, geben Frauen Milliarden für Anti-Aging-Produkte aus. Sie machen ein Geheimnis um ihr Alter, fahren dann aber ein Auto mit dem Kennzeichen D-AM-1977. «Wenn man wie du Anne Müller heißt und das Geburtsjahr angibt», erklärt Ralf seiner Freundin, «ist es doch nicht so schwer zu erraten, wie alt du bist.» Das ist, wie wir finden, eine gute Beobachtung von Ralf, die dazu führt, dass Annes nächstes Wunschkennzeichen lautet: D-AM-1987.

Anne ist mit ihrem Wunsch nach straffer Jugend und Schönheit nicht allein in einer Welt, in der manche Frauen alles, wirklich alles tun würden, um zum Beispiel ihre Cellulite loszuwerden. Einen vom indianischen Medizinmann gesegneten Küchenquirl auf die kleinen Beulen pressen und dabei nackt «Huahua» singend ums Lagerfeuer tanzen? Aber immer! Ein dreihundert Euro teures Popelpeeling aus Zwergotternasen bei Mondschein auftragen? Ja, was denn sonst?!

Auch wenn sich das abseitig und verrückt anhört, die Wirkung, da ist Ralf sicher, ist die gleiche wie bei allen Mitteln, die es auf dem Markt gegen Cellulite gibt: null. Trotzdem gibt Anne nicht auf und stürzt sich auf jede Schlagzeile, die ihr helfen könnte, in die Keine-Cellulite-Elite aufzusteigen. Ralf weiß, dass seine Vorträge über die Sinnlosigkeit dieser Mittel wenig helfen. Aber er möchte Anne gern zeigen, wie weit sie sich mittlerweile in dieses Thema verrannt hat. Und er möchte noch etwas. Er möchte gern, dass Anne seine Zeitungen nicht sofort wegwirft, sondern aufbewahrt, bis er sie ausgelesen hat. Zwei Dinge auf einmal? Das klappt doch nie. Oder?

Der Trick: Hund leckt Cellulite weg

Von Ralf, 39, für seine Partnerin Anne, 38

Ralf kam von der Arbeit, und seine Tageszeitung lag nicht im Papiersammelkorb. Für ihn war klar, sie liegt bereits unten im Altpapiercontainer. Er hatte wenig Lust hineinzuklettern, aber er hatte eine Idee.

«Schatz, hast du die Zeitung weggeworfen?»

«Ja, wieso?»

«Oh, na ja, nicht schlimm, aber darin war ein Artikel über Cellulite. Den wollte ich dir zeigen, aber egal.»

Zack, stand Anne vor ihm. «Was stand drin? Erzähl schon.»

«Weiß ich nicht mehr, irgendwas mit einer chinesischen Schönheitsfarm, wo Hunde Frauen ablecken und durch den ...»

«Du willst mich verarschen.»

«Gut, dann erzähl ich eben nicht weiter.»

«Nein, mach! Was für Hunde?»

«Ich weiß es nicht mehr so genau. Jedenfalls haben Asiatinnen kaum Cellulite, richtig?»

«Äh, ja, denke, das stimmt.»

«Genau, und das soll mit dieser chinesischen Hunderasse zu tun haben. Die haben wohl eine bestimmte DNA-Struktur in den ... äh ... Follikeln der Zunge. Und diese Struktur wird beim Lecken stimuliert und löst dadurch irgendwas in der Haut der Frauen aus, keine Ahnung ...»

«Ein Hund leckt Cellulite weg?»

«Ja, aber nur der Chinahund. Sie überlegen, dieses DNA-Follikel zu extrahieren und ... ich weiß es nicht mehr, ich hab das nur überflogen. Hol die Zeitung aus dem Altpapier, dann kannst du es ja selber lesen.»

Kaum zu glauben? Wer glaubt denn so etwas? Denken Sie

das gerade? Aber haben Sie schon mal einem Ertrinkenden ein Papierschiffchen zugeworfen? Richtig, der Ertrinkende greift danach. So ist es auch hier.

Ratzfatz flitzte Anne nach unten und apportierte die Zeitung windhundschnell, um genauso schnell eine Flappe zu ziehen.

«Da steht nichts drin, hier, such du den Artikel.»

«Ach so, hm, da fällt mir gerade ein, es war gar nicht heute, es war in der Zeitung von gestern. Tut mir leid, Schatz, ehrlich.»

«Ahh, neiin!» Und schon sprintete Anne wieder herunter und stürzte sich in den Container, während Ralf es sich oben bequem machte und seine Zeitung las.

«Strafe muss sein», murmelte er zufrieden in sich hinein, als er hörte, wie Anne hinaufgekeucht kam.

«Nichts gefunden! Die Zeitung ist weg!»

«Tja, das passiert, ist ja halb so wild, egal.»

«Wieso egal? Wenn das wirklich helfen soll? Ich frag mal meine Mädels, ob sie den Artikel haben.»

Anne zückte ihr Handy und schickte an alle Freundinnen eine WhatsApp. Hier hätte Ralf einschreiten können, tat es aber nicht. Und so gingen über zwanzig Frauen auf die Suche nach einem Artikel, den es nie gegeben hat. Auf die Suche nach Hunden, die Cellulite weglecken. Als Anne allerdings die Idee hatte, zu twittern und einen Tweet – #hundlecktcelluliteweg, suche Artikel – abzusetzen, schritt Ralf schließlich doch ein, um seinem Schatz eine weltweite Demütigung zu ersparen.

«Ich glaube, die Chinesen essen die Hunde, um Beweise zu vernichten», lächelte Ralf.

«Was machen die?», Anne stutzte.

«Die essen nach der Behandlung die Hunde auf», fuhr Ralf fort. «Dann gibt es keinen Beweis mehr für diese Cellulite-Behandlung, und sie können behaupten, ihre Haut sei von Natur

Die Keine-Cellulite-Elite

aus gleichmäßig. Wahrscheinlich haben sie auch die Zeitung aufgegessen. Ich meine, mit süßsaurer Soße schmeckt ja alles gut.»

Annes Gesichtszüge wechselten von süß zu sauer, sauer mit viel Scharf. Ralf spürte, wie sich seine Muskeln zum Sprint anspannten. «Was heißt eigentlich Verarsche auf Chinesisch?», konnte er gerade noch aussprechen, ehe er zur Tür hinausstürmte und um sein Leben rannte. Und das ist womöglich das beste Mittel gegen Cellulite: einen Mann immer und immer wieder um den Block zu jagen.

Die Geschichte der Cellulite:

Die Geschichte der Cellulite ist eine Geschichte der letzten 45 Jahre. Die Urfrau war mit Fell bewachsen und starb früher, als sich die Cellulite entwickeln konnte, sodass kein Urmann auf die Idee kam, ihr den Schenkel anzuknabbern, weil er ihn für eine Orange hielt. Erst als die Menschen älter wurden, so wie die alten Ägypter, badeten die High-Society-Ladys in Eselsmilch, was jedoch als Wellness und nicht als Cellulite-Therapie überliefert ist. Auch in der weiteren Menschheitsgeschichte finden wir keine Hinweise auf Cellulite. Weder in den griechischen Sagen noch in der Bibel tauchen Zitate auf. Es ist keine Stelle bekannt, wo Jesus zunächst einen Kranken von der Lepra und dann eine Frau von der Cellulite heilte. Das legt die Vermutung nahe, dass Cellulite zu diesem Zeitpunkt noch nicht problematisiert wurde. Im Mittelalter traute sich womöglich niemand, ein Mittel gegen Cellulite zu erfinden, um nicht verbrannt zu werden. Und Rubens malte seine Frauen stets mit all ihren großen und kleinen Hügeln und Auswuchtungen, und alles war prima. Aber dann kamen die Franzosen. Die waren ja schon immer total schenkelfixiert und brachten 1970 das erste Anti-Cellulite-Mittel auf den Markt, das natürlich auch nicht wirkte. Danach nahm die Katastrophe ihren Lauf. Heute zahlen Frauen jedes Jahr 6 Milliarden Dollar im Kampf gegen Cellulite. Das ist leider kein Witz, sondern die ungeschminkte Wahrheit.

Kosten für die Cellulite-Behandlung in der Menschheitsgeschichte

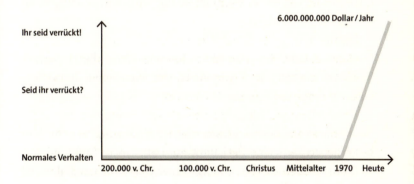

Quelle: Statistik Wissenschaftler

Der Standardablaufplan

Eine beständige Partnerschaft kann nur gelingen, wenn sich beide an bestimmte Regeln und Abläufe halten. Möchte die Frau zum Beispiel einen Duschvorhang im Bad haben, entspricht folgendes Gespräch sicher nicht den gängigen Regeln und Abläufen.

Frau:

«Du, Schatz, der Badezimmerboden ist ständig nass. Wir brauchen für die Badewanne endlich einen Duschvorhang. Und dafür natürlich erst einmal eine Duschvorhanghalterung. Du bist doch der Handwerker. Du weißt ja, mir wird schwindelig, wenn ich auf die Leiter steige.»

Mann:

«Klar, Schatz, ich gehe gleich los und kaufe die Halterung. Spätestens morgen ist sie montiert, und wir können den Duschvorhang daran aufhängen.»

Sie kennen das bestimmt aus eigener Erfahrung. So wie hier beschrieben kann eine Beziehung auf Dauer nicht funktionieren. Gerade wenn es um die Montage einer Duschvorhanghalterung geht, muss der genormte, standardisierte Ablaufplan eingehalten werden.

Montage einer Duschvorhanghalterung im Badezimmer
Standardablaufplan:

2. Januar:
Die Frau informiert ihren Mann: Seit dem Einzug in die Wohnung vor zwei Jahren fehlt ein Duschvorhang. Der Bade-

zimmerboden ist ständig nass. Um einen Duschvorhang aufzuhängen, muss vorher eine Duschvorhanghalterung montiert werden.

Der Mann bezweifelt diese Notwendigkeit. Grund: Bisher ging es auch ohne.

5. Januar:

Die Frau wechselt vom Informationsstil zur Bitte: Der Mann möge bitte eine Duschvorhanghalterung für den Duschvorhang aufhängen, damit das Badezimmer nicht ständig voller Wasser ist.

Dem Mann ist das Wasser bisher nicht aufgefallen. Grund: Die Frau hat es immer wieder weggewischt.

8. Januar:

Die Frau wischt das Wasser nicht mehr vom Badezimmerboden auf.

Der Mann fragt: Warum steht so viel Wasser im Bad?

Die Frau erklärt dem Mann, warum so viel Wasser im Bad steht.

Der Mann hat eine geniale Idee: Man müsste einen Duschvorhang aufhängen.

Die Frau fragt, ob man dafür nicht eine Duschvorhanghalterung montieren müsste.

Der Mann hat spontan eine zweite geniale Idee: Man müsste eine Duschvorhanghalterung montieren, um einen Duschvorhang aufhängen zu können.

18. Januar:

Die Frau informiert den Mann: Eine Duschvorhanghalterung muss man zunächst kaufen, um sie montieren zu können.

Der Standardablaufplan

Der Mann zuckt bei dem Wort «kaufen» zusammen und erklärt, dass es bisher doch auch ohne Duschvorhang ganz gut gegangen sei.

Abends:

Die Frau schränkt ihre sexuellen Aktivitäten ein.

Der Mann fasst daraufhin einen Kauftermin ins Auge: den 24. Januar.

24. Januar:

Der Mann geht in den Baumarkt, kehrt ohne Duschvorhanghalterung, aber mit einer Kettensäge zurück.

Die Frau fragt, wie man einen Duschvorhang an eine Kettensäge montieren kann.

Der Mann bleibt eine Antwort schuldig.

Später Nachmittag:

Der Mann verletzt sich mit der Kettensäge. An eine Montage der Duschvorhanghalterung ist in den nächsten sechs Wochen nicht zu denken.

2. April:

Die Frau schränkt abermals ihre sexuellen Aktivitäten ein und beschränkt die Essenszufuhr für ihren Mann auf das Notwendigste.

Der Mann fasst spontan einen neuen Kauftermin für die Duschvorhanghalterung ins Auge: den 4. April.

4. April:

Der Mann vergleicht fünf Stunden lang im Internet verschiedene Produkte und liest Produkttests für Duschvorhanghalterungen.

Die Frau informiert ihren Mann: Wenn er die elektrisch

verstellbare Luxusversion für 450 Euro kauft, reicht sie die Scheidung ein.

Der Mann bittet um Bedenkzeit.

6. April:

Morgens:

Der Mann geht in den Baumarkt, um eine normale Duschvorhanghalterung zu erwerben. Der Mann streitet sich mit dem Fachpersonal darüber, was eine normale Duschvorhanghalterung ist.

Der Mann kehrt ohne Duschvorhanghalterung zurück und schreibt einen Beschwerdebrief an die Baumarktleitung, in dem er die Kompetenz des Personals im «Fachgebiet Duschvorhanghalterungen» stark bezweifelt.

Später Nachmittag:

Die Frau geht in den Baumarkt und kauft eine Duschvorhanghalterung. Sie stellt den Karton ins Badezimmer.

Der Mann regt sich über den unverantwortlichen und unüberlegten Kauf einer x-beliebigen Duschvorhanghalterung auf. Er weigert sich, diese zu montieren.

11. – 12. April:

Die Frau fährt mit den Kindern zu ihrer Mutter. Wenn sie zurück ist, möchte sie eine montierte Duschvorhanghalterung sehen.

12. April:

10:15 Uhr:

Der Mann packt das Paket aus. Der Mann versucht, die Verbindungsstangen zusammenzubauen, findet aber die Verbindungsschrauben nicht.

Der Standardablaufplan

10:35 Uhr:
Der Mann findet die Verbindungsschrauben, sie passen aber seiner Meinung nach nicht in die Verbindungsstangen. Der Mann wollte dieses Produkt ohnehin nicht und legt sich beleidigt aufs Sofa.

16:30 Uhr:
Die Frau kehrt mit den Kindern zurück.
Der Mann erklärt der Frau die Situation und informiert sie über die Unmöglichkeit, die Stangen zusammenzubauen.

16:35 Uhr:
Die Frau nimmt die Verbindungsstangen, dreht sie in die entgegengesetzte Richtung und baut die Duschvorhanghalterung fertig zusammen.

16:40 Uhr:
Die Frau bittet den Mann die Duschvorhanghalterung jetzt zu montieren.
Der Mann kommt ins Badezimmer, schaut auf die Duschvorhanghalterung und bezweifelt, dass es statisch überhaupt möglich ist, dieses billige Gerät sicher zu montieren. Der Mann bezweifelt schließlich auch noch, dass es überhaupt notwendig ist, einen Duschvorhang aufzuhängen. Grund: Bisher ging es auch ohne.

Ende Standardablaufplan.
Die Duschvorhanghalterung verschwindet im Keller.
Die Aktion wird vertagt oder besser gesagt «verjahrt».
Doch dann ...

Der Trick: Konkurrenz belebt das Geschlecht

Von Isa, 42, für ihren Mann Frederik, 48

16:50 Uhr:
Die Frau ruft den Nachbarn an und bittet ihn um Hilfe.
16:55 Uhr:
Der Nachbar kommt.
16:56 Uhr:
Die Duschvorhanghalterung ist fertig und stabil montiert.
16:57 Uhr:
Ihr Mann ist peinlich berührt und gekränkt.

Ende Standardablaufplan, Version Isa.

Die Frau, in diesem Fall Isa, durchbrach den Plan und hat jetzt eine aufgehängte Duschvorhanghalterung, aber einen gekränkten Mann. Normal wäre, die Frau ist gekränkt und hängt sich irgendwann auf. Darf eine Frau trotzdem willkürlich den Standardablaufplan ändern, und kann sie mit dieser Entscheidung leben? Isa meint ja. Und hat es noch einmal getan.

18. April:
11:05 Uhr:
Isa möchte gern eine neue Gardinenstange im Schlafzimmer montiert bekommen.
11:06 Uhr:
Isa greift zum Telefon und wählt die Nummer des Nachbarn. Frederik spurtet zum Baumarkt.
Isa legt den Hörer wieder auf.
11:45 Uhr:
Die Gardinenstange im Schlafzimmer ist fertig montiert.

Der Standardablaufplan

Frederik war von dieser Entwicklung komischerweise nicht sehr begeistert. Er meinte, wenn er sich noch einmal für eine Frau entscheiden müsste, würde er sicher nicht einfach irgendeine nehmen, sondern auf jeden Fall einige vergleichen und ein paar Testergebnisse lesen ...

TESTSIEGERIN

Stiftung Frauentest	**Gut 2,5**	
1. Platz «Beate»	**Handhabung:** Hoher Bedienkomfort Große Einsatzvielfalt	1,2
Im Test: 11 Frauen	**Ausstattung:** Üppigste Ausstattung im Test Wird inkl. Tasche geliefert Lautstärkeregulierung fehlt	2,4
1 x gut 5 x befriedigend 3 x ausreichend 2 x ungenügend	**Ökologie:** Kein 100%iges Naturprodukt Verbrauch 27 Paar Schuhe / Jahr Entsorgung kostspielig	4,0

Miss Miese Laune

Wir kennen uns bei den moralischen Themen unserer Welt nicht ganz so gut aus, darum wissen wir nicht, sondern fragen: Warum reden immer alle davon, dass ein guter Charakter wichtiger sei als gutes Aussehen? Und warum gibt es dann keine Wahl zur Miss Universum, bei der es zum größten Teil auf den guten Charakter ankommt? Warum gibt es keine Sendung wie *Germany's Next Top Character*? Und warum keine Gewinnerin mit den Maßen Ehrlichkeit–Altruismus–Mitgefühl statt 90–60–90? Messbar ist der Charakter auf jeden Fall. Die Kirche spricht schon seit Jahrhunderten erst selig, dann heilig. Also erst Halbtop- dann Topmodel. Im Zweifel könnte man doch die Jury durch einen Ethikrat besetzen oder einfach den Lebenspartner fragen, wie die Chancen auf den Titelgewinn stehen.

Wir sind auf dieses Thema gestoßen, weil wir mit Kai über seine Freundin Franziska gesprochen haben. Kai meinte: «Ich würde Franziska sofort für den Titel *Miss Top Character* vorschlagen, einfach nur, um keins auf die Fresse zu kriegen.» Bitte? Ach so, das war Sarkasmus. «Nein, nein, versteht mich nicht falsch, sie ist schon nett. Nur manchmal … nicht.» An diesen Manchmal-nicht-Tagen denkt Kai bei seiner hübschen Freundin: «Wie hässlich dürfte sie sein, wenn sie jetzt ein bisschen netter wäre?» Und manchmal, nur manchmal, dürfte sie so hässlich sein wie ein unrasierter Grottenolm, wenn sie dadurch nur einen Hauch netter würde. An diesen Tagen gewinnt Franziska den Titel «Miss Miese Laune» im Handumdrehen. Oder besser gesagt im Halsumdrehen. Denn das würde Franziska an solchen Tagen am liebsten mit der ganzen Welt machen. Ein «Guten Morgen ihr Fischfotzen und Fickfrösche» von ihr an die Teichbewohner im Garten ist für Kai das erste Signal, dass wieder einmal so ein Tag bevorsteht. Diesmal war es ein Sonntag, an dem die beiden einen Museumsbesuch geplant hatten. Kai war gewarnt, er wusste, Franziska würde an allem und jedem herumnörgeln.

Der Trick: Äußerst zuvorkommend
Von Kai, 34, für seine Freundin Franziska, 29

Kai tat etwas, das vielleicht nicht nur bei seiner Miss Miese Laune wirken könnte. Er nahm die Nörgeleien seiner Freundin einfach vorweg und überspitzte sie.

Als er mit ihr zum Auto ging, wusste er schon, dass ihr der Weg zum Parkplatz zu lang sein würde, und sagte: «Mensch, wo hab ich Idiot denn geparkt? Am Arsch der Welt? Boah, wahrscheinlich müffelt der Wind hier deswegen schon so ein bisschen, oder?» Franziska schaute ihn fragend an, grinste aber. Tatsächlich wollte sie sich gerade beschweren. Das ist der Vorteil, wenn man schon über drei Jahre zusammen ist, dachte Kai.

Und so ging es weiter. Im Auto angekommen, fiel Kai sofort auf, dass er nach dem letzten Joggen seine dreckigen Schuhe mit ins Auto genommen hatte. «Welche Drecksau war das denn? Dieses Schwein, am liebsten würde ich ihn den Dreck von den Schuhsohlen lecken lassen!» Franziska nickte: «Ja, genau das solltest du tun. Aber küss mich danach bitte nicht.» Beim Museum angekommen, nahm Kai noch weitere Nörgeleien vorweg: «Ich glaube, wir werden beim Museumseingang länger warten müssen als du bei mir auf deinen Orgasmus.» – «Das glaube ich kaum», meinte Franziska und blickte dann, wie Kai dachte, einen Moment zu lang ernst, bis sie lächelte. Und um vorausschauend sein mangelndes Kunstwissen aufs Korn zu nehmen, einen Mangel, den sie ihn seiner Meinung nach viel zu oft viel zu hart spüren ließ, sagte Kai: «Was abstrakte Kunst angeht, bin ich total blöd. Ich bin so doof, wenn Dummheit klein machen würde, könnte ich im Arsch eines Einzellers Rollschuh laufen.» – «Das stimmt», grinste Franziska, «und jetzt formulier das doch bitte noch mal als Übertreibung.»

Unglaublich, aber wahr, als Franziska sich später über den schlechten Latte macchiato im Museumscafé aufregen wollte, grinste Kai sie einfach nur an, und beide mussten lachen. Für die Gäste am Nachbartisch war das nicht ganz so leicht nachzuvollziehen. Wieso fängt eine Frau einen Satz übellaunig an mit: «Was ist das für ein elend fader ...» und lacht dann zusammen mit ihrem Freund wie blöde? Ja, das nennt man wohl eine äußerst zuvorkommende Beziehung.

Ein Mann der Wissenschaft

«Ich glaube an die Wissenschaft und an sonst gar nichts», verkündet Jan immer wieder leidenschaftlich. Er trägt mit stolzgeschwellter Brust seinen Master in Physik, den er vor kurzem erworben hat. «Das mit deinem Master ist gut und schön», meint seine Freundin Bea, «aber man muss ihn auch nicht raushängen lassen wie eine aufgebrezelte Tusse ihre Wonderbra-Tittchen.» Wenn Master Jan erst mal so richtig über sein Fach ins Schwärmen gerät, ergießen sich Kaskaden unnötiger und langweiliger Details über seine Zuhörer. Beas Stichelei: «Wäre diese Info gerade als E-Mail gekommen, ich hätte sie in den Junkmail-Ordner gepackt», lässt ihn dabei genauso unbeeindruckt wie ihr Kommentar «Schatz, meine Ohren sind keine Schmutzfangmatte». Ein Satz, den sich die Autoren am liebsten als Schlagertitel sichern würden.

Bea arbeitet als Krankenschwester auf einer Intensivstation und weiß ganz genau, dass die Wissenschaft oft genug versagt, und der Glaube, woran auch immer, oft genug hilft. Sie glaubt nicht nur an die Wissenschaft, sondern auch an Horoskope. Sie ist überzeugt, die Kraft der Sterne würde nur deshalb als Aberglaube abgetan, weil unsere Wissenschaft noch nicht den Kenntnisstand besitzt, um diese Kraft belegen zu können. Bis die Sterne wissenschaftliche Analysen abgelöst haben, streiten Bea und Jan ständig über die Frage, was die Welt im Innersten zusammenhält. Bea glaubt nicht nur an Horoskope, sie hebt auch Sprüche aus Glückskeksen auf, die ihr gefallen. «Dein Glück fällt nicht mit der Tür ins Haus, es nähert sich auf leisen Sohlen» ist so ein Spruch. Darüber amüsierte sich Jan lauthals: «Die Sprüche werden von Praktikanten aus dem Internet abgeschrieben und anschließend auf dem Fließband in die Kekse gestopft. Wie kann man bloß an so etwas glauben?» Das brachte Bea auf eine Idee für einen Trick, wie sie ihren Freund von seiner borniertem Denkweise erlösen konnte. «Na warte», dachte Bea, «mein Glück nähert sich auf leisen Sohlen.»

Der Trick: Die Glückskeks-Therapie
Von Bea, 26, für ihren Freund Jan, 28

Bea kaufte bei ihrem Lieblingschinesen mehrere Glückskekse. Einen bearbeitete sie sofort. Sie öffnete die Einschweißfolie, nahm ein Skalpell, erhitzte es in kochendem Wasser und schnitt damit vorsichtig die Keksnaht weit genug auf, um den Zettel mit einer Pinzette herausziehen zu können. Dann ersetzte sie den Zettel durch einen eigenen und setzte das herausgeschnittene Stück mit etwas Lebensmittelkleber wieder ein. Auf den ersten Blick schien das schon ausreichend. Sicherheitshalber zerstampfte sie noch einen weiteren Keks und verstrich mit diesem Pulverklebermix die Schnittnähte, bis sie kaum noch zu sehen waren. «Unser Chefchirurg kriegt das nicht sauberer hin», dachte Bea. Die Folie klebte sie mit Sekundenkleber wieder zu und markierte den fertigen Glückskeks mit einem kleinen Punkt, um ihn später von den anderen unterscheiden zu können.

Der nächste Sonntag war der Tag der Glückskekstherapie, der Tag der leisen Sohlen. Denn jeden Sonntag folgen Jan und Bea einem Ritual: Sie bestellen beim Chinesen etwas zu Essen und schauen *Tatort*. Bea nahm die Lieferung an der Tür entgegen und tauschte unauffällig einen der beiden vom Chinesen mitgelieferten Glückskekse gegen ihren manipulierten aus. Nach dem gemeinsamen Essen öffnete sie ihren unmarkierten Keks und war überrascht: «Ihre Arbeit wird süße Früchte tragen» stand

Ein Mann der Wissenschaft

da, und sie lächelte zuversichtlich. Offenbar war entweder eine höhere Macht oder ein Praktikant mit ihr. «Süße Früchte? Du kriegst Diabetes», frotzelte Jan und öffnete seinen Keks. «Mal sehen, was die Praktikanten bei mir geschrieben haben.» «Ja, da bin ich mal gespannt», sagte Bea. Und zwar auf dein Gesicht, dachte sie. «Nutzen Sie die Zahlen Ihrer Geburt, und Sie werden im Glücksspiel reich beschenkt», las Jan vor und stutzte. «Was soll das denn bedeuten?»

«Na, die Zahlen deiner Geburt, du Depp, dein Geburtsdatum! Du sollst Lotto spielen!»

«Ach, nur weil das in einem Glückskeks steht? Nee, von wegen, so ein Schwachsinn.» – «Dann verschenk eben die große Chance auf Reichtum, das musst du wissen.» Jan legte den Zettel beiseite, anders als sonst warf er ihn nicht weg. Bea ahnte, dass ihr Plan aufging. Vier Tage später sah sie, wie aus Jans Portemonnaie ein Lottoschein hervorlugte. Sie zog ihn heraus, und tatsächlich hatte er alle möglichen Varianten seines Geburtstages getippt. Und er hatte sogar gewonnen, unglaubliche vier Euro fünfzig.

Der darauffolgende Sonntag war Beas großer Tag. Jan öffnete seinen Glückskeks und machte ein Gesicht, als würde ihn ein Alien aus dem Keks anglotzen. Auf dem Zettel stand: «Na, hast du im Lotto gewonnen, Jan?» Tausend wissenschaftliche Theorien schwirrten durch seinen Kopf, alle auf der Jagd nach einer logischen Erklärung. Wie um alles in der Welt kann ein Praktikant in einer Fabrik einen Zettel mit seinem Namen und mit dem Wissen über sein Lottospiel …? Sollten die Sterne etwa doch einen Einfluss haben? Ist im Universum womöglich doch nicht alles wissenschaftlich erklärbar? Bea sah die Zweifel in seinem Gesicht, und sie genoss diesen Augenblick. Mehr wollte sie gar nicht. Sie wusste, der Flügelschlag eines Schmetterlings kann die Welt verändern. Gern hätte sie sich an dem Fragezeichen in seinem Gesicht noch länger erfreut, aber sie wurde von einem lauten Prusten unterbrochen, das unaufhaltsam in einen Lachanfall hinüberglitt. Es war ihr eigenes Lachen, sie konnte einfach nicht mehr und kicherte: «Na, suchst du nach einer wissenschaftlichen Erklärung, Einstein?»

Jans kurzer Zweifel an der wissenschaftlichen Ordnung der Welt reichte Bea aus. Aber wer weiß? Beim nächsten Mal lässt sie ihn vielleicht länger schmoren.

Nachtrag:

Ein Jahr später öffnete Bea einen Glückskeks. Auf dem Zettel stand: «Ich liebe dich. Willst du mich heiraten und für immer mein Glückskeks sein?» Bea hat ja gesagt. Und das, ohne vorher ihr Horoskop zu lesen.

Bea hat aber auch als Ehefrau nicht aufgehört, Jan nach Kräften völlig unwissenschaftlich auf die Schippe zu nehmen. Als die beiden einmal mit dem Zug verreisten und der Schaffner nach den Tickets fragte, blickte Bea den Schaffner keck an: «Ich brauche kein Ticket.» Jan fragte irritiert nach: «Wieso? Hast du dir etwa keins gekauft?» – «Nein, ich brauche heute keins, überhaupt keins.» Der Schaffner blickte sie genauso irritiert an wie Jan und fragte leicht genervt nach: «Ach, und wieso brauchen Sie heute kein Ticket?» – «Na hier», frohlockte Bea und deutete auf ihre Zeitschrift. «In meinem Horoskop steht: ‹Heute kann Sie nichts aus der Bahn werfen›.» Jan und der Schaffner schauten kopfschüttelnd auf Bea, die sich vor Lachen kringelte und kaum auf dem Platz halten konnte.

Ein Mann der Wissenschaft

Nachmachen?

Diesen Kekstrick können Sie, liebe Leser, für alles Mögliche verwenden. Verpacken Sie im Keks ein Kompliment: «Du siehst heute wieder bezaubernd aus, Jürgen.» Oder verleihen Sie einem langgehegten Wunsch sensibel etwas Nachdruck: «Wenn Sie Ihrer Frau ab heute nicht jeden Tag sagen, dass Sie sie lieben, werden Sie einen schrecklichen Unfall haben.»

Und was die Umsetzung angeht, die Autoren sind nicht sonderlich geschickt, haben aber die Glückskeksoperation problemlos hinbekommen. Sogar ohne Skalpell, mit einem scharfen Teppichmesser. Statt Lebensmittelkleber reichte Gelatine.

Scheidungsgrund

Die aktuelle Lage ihrer Beziehung nehmen Partner oft ganz unterschiedlich wahr. Während der eine sie noch in der harmonischen Löffelchenstellung glaubt, ist sie für den anderen längst in der stabilen Seitenlage. Ein akuter Notfall, kurz vorm Löffelabgeben. Einen Grund für eine kränkelnde Beziehung sehen Frauen wie Nicole in der fehlenden Aufmerksamkeit ihres Partners. Ein erster Schritt zur Besserung wäre es, wenn ihr Mann Martin wenigstens aufmerksam genug wäre, seine mangelnde Aufmerksamkeit zu erkennen.

«Nicole, was meinst du denn damit, ich würde dich nicht mehr wahrnehmen?»

«Na, was meine ich wohl damit? Ich meine, dass du keine Zeit mehr für mich hast. Ich meine, nein, ich fühle ... dass du mich nicht mehr richtig siehst.»

«Aber ich sehe dich doch, du sitzt doch da.»

«Aber so meine ich das doch nicht. Herrgott, ich ... ja, ich bin noch da. Aber ... aber wer weiß, wie lange noch.»

«Wie soll ich das jetzt verstehen?»

«Wie? Am besten schnell!»

«Hä? Na ja, also auf jeden Fall stimmt das nicht, ich sehe dich. Und ich sehe dich gleich schon wieder. Wenn ich vom Tennis zurück bin. Tschüssi, Schatzi!»

Konzentriertes Zuhören, Eingehen auf die Bedürfnisse des anderen, eine für beide Seiten befriedigende Lösung suchen ist der Stoff, aus dem Frauenträume sind.

«Und der Stoff, mit dem sich manche Männer den Hintern abputzen», schimpft Nicole. Ihre Freundin Heike ist ganz auf ihrer Seite und schlug eine Diät vor: «90 Kilo abnehmen in zwei Stunden: Trenn dich von deinem Mann!»

Mit dieser Trenndiät zum Wohlfühlgewicht? Nein, so schlimm steht es um Nicoles Beziehung noch nicht. Aber sie muss der Ignoranz ihres Mannes jetzt doch mal ein bisschen Aufmerksamkeit widmen.

Der Trick: Die falsche Fährte
Von Nicole, 46, für ihren Mann Martin, 49

Nicole hatte neulich für Heike im Internet nach einem passenden Scheidungsanwalt gesucht. Diskret wie Nicole ist, hatte sie den Suchverlauf «Fachanwalt Scheidungsrecht» aus dem Browser vom Computer, den sie sich mit Martin teilt, wieder gelöscht. Schließlich ist, oder besser war – sonst stünde es nicht in diesem Buch – es ein Geheimnis, dass sich Heike scheiden lassen möchte. Jetzt tippte Nicole genau diese Worte wieder ein und ließ den Suchverlauf absichtlich stehen. «Mal sehen, was passiert», dachte sie. Und es passierte eine Menge.

Martin setzte sich an den PC, klickte den Browser an, und schon sah er im Fenster der Suchmaschine die verräterischen Worte, die ihm den Atem stocken ließen: Fachanwalt Scheidungsrecht? Was soll das denn? Was geht hier denn ab? Was habe ich denn getan? Ich bin doch nicht fremdgegangen!, dachte Martin. Dass es noch andere Trennungsgründe außer Fremdgehen geben könnte, darauf ist er einfach nicht gekommen. Treue ist doch schon etwas, sollte man meinen. Ja, das ist es. Oder man könnte meinen: Martin ignoriert also nicht nur seine eigene Frau, sondern auch alle anderen. Bravo.

Martin grübelte und grübelte, fand aber trotz aller Anstrengung überhaupt keine Erklärung für Nicoles offensichtliche Trennungsabsichten. Ich bin durch und durch unschuldig aber trotzdem angeklagt, dachte er und sah sich selbst als Opfer einer himmelschreienden Ungerechtigkeit. Plötzlich kam er auf einen überragenden Einfall: Ich rede mit meiner Frau!

Auf den Scheidungsanwalt angesprochen, schilderte Nicole ihm noch einmal deutlich, wie sie sich fühlt und was Zusammensein für sie bedeutet. Und Martin hörte zu, er rannte nicht weg. Erst als Nicole sicher war, dass er sie vollkommen verstanden hatte, meinte sie schmunzelnd: «Das war auch nur ein Trick, damit du mir mal zuhörst, ich will mich gar nicht scheiden lassen.»

Martin war so froh darüber, dass er ihr diese Hinterlist nicht weiter übelnahm. Und seine Erkenntnis ist geblieben. Denn wie sagte mal ein weiser Mann, dessen Namen wir wegen mangelnder Aufmerksamkeit vergessen haben? «Das Tor der Erkenntnis schließt sich hinter uns, wenn wir es durchschritten haben. Wir können nicht zurück.»

Frauen hinterhergucken

Was denkt ein Mann, der einer attraktiven Frau in einer engen Jeans hinterherschaut? Er denkt das, was alle Männer in so einem Augenblick denken: Aber hallo, diese Hose würde meiner Frau auch gut stehen.

«Genau das denke ich auch», sagt Tobias.

«Willst du mich verarschen?», fragt Caroline.

«Ja, das will ich, auch den süßesten Hintern kann man mal verarschen. Na ja, man kann es zumindest versuchen.»

Caroline lässt sich nicht so leicht verarschen. Sie weiß, was Männer dabei denken, aber das stört sie nicht. Sie stört nur, dass Tobias auch dann Frauen hinterherschaut, wenn sie ihn begleitet. Denn er schaut nicht etwa flüchtig aus den Augenwinkeln auf die weibliche Population. Nein, er guckt ungefähr so unauffällig wie Jugendliche vom Dorf, die in der Großstadt zum ersten Mal an einem Erotikshop vorbeigehen. Man muss ihn anschubsen, damit er weitergeht. Tobias hat den alten Spruch «Appetit holen ist erlaubt, aber gegessen wird zu Hause» nicht so recht verstanden. «Wieso darf ich mir keinen Appetit holen, wenn ich das Essen dabeihabe?» Erklärungsversuche von Caroline scheitern.

Der Trick: Drauf gepfiffen
Von Caroline, 34, für ihren Freund Tobias, 36

«Soll man seinen Partner nicht unterstützen, wo immer es geht?», fragt Caroline scheinheilig. «Und mein Partner signalisiert doch, wenn er den Blick von einer Frau vor uns nicht abwenden kann, dass er Kontakt aufnehmen möchte, oder? Und dabei unterstütze ich ihn.»

Als Tobias mal wieder auf einen Frauenhintern glotzte und glotzte und glotzte, setzte Caroline zwei Finger an den Mund und ließ lautstark den typischen Anmachpfiff los. Die Frau vor ihnen drehte sich um, gleichzeitig drehte sich auch Caroline um, ging in eine andere Richtung und tat so, also ob sie mit Tobias nichts zu tun hätte. Der stand jetzt allein da, grinste schief und sagte nichts. Die Frau blickte ihn strafend an. Tobias drehte sich zu Caroline um, die war verschwunden. Er schaute wieder auf die Frau und stotterte: «Ey, äh, das äh, war ich nicht.» Die Frau zeigte ihm den Stinkefinger, schüttelte verärgert den Kopf und ging weg. Caroline kam wieder zurück. Tobias stand noch leicht unter Schock und blaffte sie an: «Bist du blöd?»

«Wieso? Verstehe ich nicht», Caroline spielte die Unschuldige, «ich dachte du möchtest Kontakt mit ihr aufnehmen, und da hab ich dich bei deinem Wunsch unterstützt und euch dann allein gelassen. Nicht gut?»

«Nein, das war total peinlich.»

«Ja? Peinlich? Gut, das Gefühl kenne ich, wenn du Frauen hinterherglotzt.»

Was danach geschah:

Das war Tobias eine Lehre, sicher, auch wenn man über die Methode streiten kann. Mittlerweile schaut er den Frauen nur noch unauffällig hinterher. Aber das Thema ließ ihn nicht los. Beim Besuch ihrer Freunde Tine und Leonard erzählte er, was ihm seine böse Freundin angetan hatte, und erntete nicht das erwartete Mitgefühl. «Super, das mache ich bei Leo jetzt auch», freute sich Tine. «Vielen Dank, Tobias», meinte Leonard ironisch, «jetzt kann ich mir das Popogucken auch abschminken. Aber eine Sache bei deiner Geschichte kapier ich nicht», hakte Leonard nach, «warum hat die Frau dir den Stinkefinger gezeigt?»

«Ja, die war wohl sauer», sagte Tobias.

«Ja, aber das verstehe ich nicht. Ich meine, es ist doch so: Frauen achten auf ihre Figur, aber warum sind sie dann angezickt, wenn auch *wir* auf ihre Figur achten? Achten Frauen denn nicht eigentlich nur auf ihre Figur, damit *wir* auf ihre Figur achten? Aber wenn *wir* dann auf ihre Figur achten, dann äh …»

«Ist gut, Leo», bremste ihn Tine, «es geht doch um das Wie.»

«Genau», meinte Caroline, «und zwar immer. Also auch, wenn Männer einem in den Ausschnitt glotzen.»

«Ja, aber das verstehe ich auch nicht», sagte Leonard. «Frauen zeigen ihren Ausschnitt doch absichtlich her. Aber Männer dürfen nicht reingucken. Und das, obwohl der Ausschnitt doch zum Reingucken da ist. Das wär ja so, als ob eine Ladenbesitzerin ihr Schaufenster hübsch dekoriert, und kaum kommt ein Passant vorbei und schaut hinein, schreit sie: ‹Hey, weg da, du Macho, du Sexist, was guckst du in meine Auslagen!› Der Passant würde erschreckt weggehen, sie würde dann ihr Schaufenster wieder hübsch und reizvoll herrichten und den nächsten Passanten anschreien. Versteh einer die Frauen. Also echt, ihr müsst mal ein bisschen an eurer Präsentationslogik arbeiten.»

«Leo, kapier das doch endlich», entfuhr es Tine, «du sollst nicht glotzen, du sollst flüchtig genießen! Das ist das Spiel der Geschlechter. Und das ist auch schon alles. Das ist der ganze Trick.»

Puh, wir sind heilfroh, dass Tine das so schön einfach auf den Punkt gebracht hat. Denn diese Präsentationslogik, wie Leo es nennt, ist schwierig und komplex. Das merken wir auch an der Geschichte, die Leonards Freundin Tine dazu erzählte:

Sie stand auf der Toilette einer Diskothek vor dem Spiegel

und frischte ihren Lippenstift auf, als neben ihr eine gutaussehende Italienerin mürrisch in den Spiegel blickte und meinte: «Was stimmt nur nicht mit mir? Stehen deutsche Männer nicht auf Italienerinnen?» Tine stutzte: «Wie kommst du darauf?» – «Kein einziger Mann hat mir bisher hinterhergepfiffen oder mich richtig angebaggert. Nix mit ‹Ey, bella, amore, amore› und so weiter. Gar nichts.»

Caroline, die Diskriminierungsexpertin, meinte dazu: «Gut, dann dürft ihr unter unserer Aufsicht Italienerinnen hinterherpfeifen, damit die sich wie zu Hause fühlen.»

Wir sehen, wie kompliziert die Regeln zwischen Männern und Frauen sind. Das Regelwerk wird nie ganz fertig geschrieben sein. Es bleibt eine ewige Baustelle. Aber wir können wenigstens für diese Baustelle ein Zeichen setzen, das beide Geschlechter gleichermaßen befriedigt, und haben zusammen mit Caroline, Tobias, Tine und Leo das erste vollkommen genderkorrekte Baustellenschild entwickelt:

Die Wahrheit über Eskimos

«Eskimos haben 100 Wörter für Schnee», sagt Alexandra überzeugt.

«Nein», berichtigt Johannes, «die haben nur ein paar Wörter für Schnee. Aber die haben so eine polysynthetische Sprache, das heißt, die sagen zum Beispiel ‹fallender Schnee›. Aber das ist kein eigenständiges Wort, nur eine Beschreibung. Und deshalb haben die auch nicht mehr Wörter für Schnee als wir.»

«Die haben trotzdem 100 Wörter für Schnee.»

«Nein, haben sie nicht.»

«Doch, das wissen ALLE. Aber DU musst es mal wieder besser wissen.»

«Ach was, komm her, ich zeig dir das im Internet, da steht es.»

«Ich will das gar nicht sehen, was interessiert mich, was einer im Internet schreibt, da kann man ja alles reinschreiben.»

«Ja, genau. Da kann man zum Beispiel reinschreiben, dass Eskimos 100 Wörter für Schnee haben. Und das ist falsch. Aber hier steht es richtig. Guck!»

«Nein. Und die heißen übrigens gar nicht Eskimos, sondern Inuit.»

«Nein, das stimmt auch nicht, Alexandra. Nicht alle heißen Inuit, einige heißen auch Yupik oder Kalaallit.»

«Das weißt du auch wieder besser. Soll das jetzt heißen, Eskimos haben keine 100 Wörter für Schnee, aber 100 Wörter für Eskimo? Ja?»

«Mit dir kann man nicht diskutieren, Alexandra.»

«Nein, DU willst immer recht haben. Aber jetzt habe ich auch mal recht. Basta! Ich habe recht. Das ist die Wahrheit!»

«Glaube denen, die die Wahrheit suchen, und zweifle an denen, die sie gefunden haben.» André Gide.

Lieber André Gide, Johannes zeigt dir jetzt mal, wo die Wahrheit den Most holt: im Radio. Was Wahrheiten und Unwahrheiten in den Medien angeht, da gab es in der jüngeren Geschichte etliche Zeitungs- und Fernsehskandale. Aber das Radio hat seine Seriosität behalten, meint jedenfalls Alexandra. Und das nützt Johannes schamlos aus, um ihr die argumentationsfreie Rechthaberei auszutreiben.

Der Trick: All we hear is Radio Gaga
Von Johannes, 41, für seine Partnerin Alexandra, 43

Johannes hatte seine Freundschaft zu Micha, dem Moderator des Regionalsenders, noch nie ausgenutzt. Das hatte jetzt ein Ende. Er traf sich mit ihm und mit Udo, dem Wettermann des Senders, zu einem Umtrunk in Udos privatem Aufnahmestudio. Homerecording ist günstig zu haben, weitverbreitet und eine feine Sache, wenn man seiner Freundin bei der Wahrheitsfindung helfen möchte. Zum Einstieg genehmigten sich die drei erst mal einen Calvados, um die Zungen zu lösen, dann noch einen, und dann zur Sicherheit noch einen. Dann schritten sie zur Tat. Michi und Udo nahmen einen von Johannes geschriebenen Dialog auf, packten vor und hinter den Text noch ein Musikstück und brannten alles auf CD. Fertig war der Trick. Das heißt, natürlich nicht, ohne zwischendurch noch einen würzigen Magenbitter zu probieren, und noch einen, und noch einen. Zur Sicherheit, damit der Calvados in Verbindung mit Bier und Wein nicht so auf den Magen schlägt.

Die Wahrheit über Eskimos

Nächster Morgen, 7:30 Uhr. Frühstückszeit bei Johannes und Alexandra.

Das Radio lief. Während Alexandra sich noch im Bad zurechtmachte, schob Johannes in der Küche die im Studio aufgenommene CD in die Kompaktanlage. Er setzte sich an den Frühstückstisch und versteckte die Fernbedienung für die Anlage auf dem Stuhl neben sich unter einer alten Zeitung. Als sich Alexandra näherte, schaltete er die Anlage von Radio auf CD um. Jetzt ertönte die im Studio aufgenommene Musik. Johannes tat beschäftigt und checkte auf dem Handy seine E-Mails. Alexandra holte sich einen Kaffee, während das Musikstück ausklang und Micha, der Moderator der Morgensendung, zusammen mit Udo loslegte:

Micha: «Und heute wird es wieder richtig kalt, Udo, was sagt unser Wetterfrosch?»

Udo: «Es wird kalt, aber es schneit nicht mehr, Micha, kein Schnee in Sicht. Weder Papp- noch Pulverschnee. Es wird kein Eskimowinter.»

Micha: «Wo du Eskimo sagst, weißt du eigentlich, dass es immer noch Menschen gibt, die glauben, die Eskimos hätten 100 Wörter für Schnee, Udo?»

Alexandra wurde hellhörig. Sie kennt den Moderator, sie weiß, dass er mit Johannes befreundet ist, und ahnte Fürchterliches. Sollte er etwa mit ihm über sie geredet haben, und alle hörten das jetzt übers Radio?

Udo: «Nein, Micha, ich dachte wirklich, dieser Irrglaube sei aus den Köpfen der Menschen verschwunden.»

Alexandra drehte sich zu Johannes um: «Warst du das?»

«Ich? Vielleicht habe ich mal eine Andeutung gemacht, ich ...»

«Psst!» Alexandra blickte Johannes strafend an und spitzte die Ohren.

Udo: «Es ist nämlich so, die Eskimos haben so eine Sprache, poly-synthetisch nennt die sich, die beschreibt die Dinge. Aber die haben nicht tatsächlich 100 Wörter für Schnee. Es soll jedoch Menschen geben, also vor allem Frauen (lacht), die an diesem Unsinn festhalten.»

«Boahh, was hat der Arsch da gesagt?», schon jetzt kann Alexandra kaum fassen, was dieser Micha da über den Äther schickt. Dabei fängt der Spaß doch gerade erst an.

Micha: «Ja, Frauen, Udo, ich sage dir, die lassen sich doch durch nichts beeindrucken. Zahlen? Fakten? Egal, ich denke trotzdem, was ich will.»

«Das ist sexistisch! Die werden gefeuert! Und du hast die angestiftet?» Alexandra knallte die Kaffeetasse auf den Tisch und ging unruhig hin und her. Johannes vergrub Unschuld heuchelnd sein Gesicht hinterm Handydisplay: «Äh, ich weiß nicht, was du meinst.»

Udo: «Ja, genau, Micha, 100 Wörter für Schnee! (lacht laut) Wie blöde muss man sein? Wie äh … blö… äh, was steht hier? Wie blöde muss man sein?»

«WAS? SPINNE ICH? Sind die besoffen? Am frühen Morgen?» Alexandra war entsetzt, während sich die Sprache der beiden an den Alkoholpegel anpasste und offenbar gerade beim Magenbitter angekommen war.

Micha (lallend): «Frauen, Udo, (kichert kurz), die haben vielleicht 100 Wörter für Schuhe (kichert ausgiebig).»

Udo (in alkoholisiertem Ton): «Haaa, geil, Micha, ich lach mich weg, ich, oh, Scheiße, ich muss mich ja an den Text halten!»

Micha: «Ach, is jetzt auch schon egal. So, Udo, danke für das heute sehr ausführliche Wetter, und weiter geht's mit Musik, nicht von den … äh … Eskimos, sondern von Queen und natürlich, was sonst, mit ‹Radio Gaga›!»

Die Wahrheit über Eskimos

Alexandra saß erschüttert da. Johannes grinste.

«Du grinst? Bist du bescheuert? Das ging gerade auf Sendung. Sind die bescheuert? Haben die gekifft oder gesoffen oder was?»

«Nein, haben sie nicht, ich meine doch, ich meine …», Johannes lachte. Erst nach einigen Anläufen konnte er Alexandra erklären, dass dieses wunderbare kleine Hörspiel gerade nicht über den Äther gegangen war, sondern über CD nur von ihnen gehört werden konnte.

«Du bist ein ganz schöner Arsch, weißt du das?»

«Ja, damit hast du vielleicht recht, aber eben nicht mit den Eskimos. Guckst du dir jetzt die Seite im Internet an und lässt dich ein bisschen mit Fakten quälen, oder muss ich mir noch was anderes ausdenken? Ich kenne auch noch Leute beim Fernsehen. Und dann wird's vielleicht kein Fake.»

Nach dieser Aktion traute Alexandra Johannes alles zu und war bereit, sich im Internet über Eskimos schlauzumachen. Und siehe da: Die Eskimos haben keine 100 Wörter für Schnee.

«Ja, okay, Johannes, du hast recht, jajaja. Aber weißt du, was mir gerade auffällt?», Alexandra musterte ihn grinsend. «Rechthaben steht dir nicht, du verlierst eindeutig an Attraktivität. Ja, du bist viel schöner, wenn ich recht habe.»

Nachmachen?

Na ja, werden Sie vielleicht denken, nicht jeder hat einen Freund oder eine Freundin beim Radio. Stimmt, aber viele Menschen haben eine Kompaktanlage, mit der sie unbemerkt von Radio auf CD schalten können. Man muss es ja nicht so professionell wie Johannes aufnehmen, ein einfaches Handy reicht. Dann brauchen Sie noch jemanden, dessen Stimme Ihr Partner nicht sofort erkennt, und schon kommen die schönsten Sätze vermeintlich direkt aus dem Radio.

Ärgert es Sie beispielsweise, wenn Ihr Partner nur auf dem Sofa sitzt und Bier trinkt, um mal ein Klischee zu bedienen, könnte der Satz heißen:

«Liebe Hörer, uns liegt gerade die neuste Gesundheitsforschung vor. Das erschütternde Ergebnis: Sitzen auf Couchmöbeln ist sehr schlecht für die Durchblutung des Körpers. Vor allem wenn man dabei Alkohol zu sich nimmt. Bei Männern kann dies den Hoden zerstören und alles, was dranhängt. Manchmal innerhalb einer halben Stunde.»

Aber auch eine Liebeserklärung ist möglich, zum Beispiel:

«Liebe Hörer, in Wanne-Eickel sind wir jetzt live dabei, wie ein riesiger Ballon in Herzform zum Himmel aufsteigt. Klar und deutlich sehen wir einen roten Ballon, auf dem in weißer Schrift steht: ‹Ellen, ich liebe dich von ganzem Herzen, dein Torben›. Eine wundervolle Liebeserklärung! Und weiter geht es hier natürlich mit dem Lieblingslied von Ellen ...»

Sie finden noch mehr Ideen dazu auf www.johanneshayers.de

Lust auf ...

Es gibt Menschen, die können sehr direkt sagen, dass sie Lust haben: «Schatz, schlaf schon mal vor, das wird eine anstrengende Nacht für dich!» Oder auch worauf sie Lust haben: «Überzieh heute bitte nicht das Bett, sondern den Küchentisch.» Aber jeder Mensch ist anders. Und so gibt es auch Menschen wie Valentina, die ihre sexuellen Wünsche nicht offen aussprechen können. Sie wohnt mit ihrem Freund Konstantin nicht zusammen, sie sehen sich nicht jeden Tag, das heißt, es gibt nicht unbedingt feste Rituale wie Sex nach dem Zähneputzen oder so etwas. Dennoch ist Valentina der Ansicht, Konstantin müsse schneller merken, wann sie etwas möchte. Sie meint sogar, sie sei an ein recht begriffsstutziges Männerexemplar geraten. So rutschte sie etwa eines Abends, als sie bei ihm übernachten wollte, nach dem Abendessen unruhig auf dem Stuhl herum und sagte: «Meine Güte, sind diese Stühle unbequem.» Übersetzt sollte das heißen: Stühle unbequem = ab ins Bett. Und das war ihrer Meinung nach ein Wink mit dem Zaunpfahl.

Zaunpfahl, Valentina? Du hast es mit einem Mann zu tun. Das war kein Zaunpfahl, das war nicht mal ein Zahnstocher. Aber was soll sie tun? Sie ist eben so erzogen worden, immer höflich und diskret zu sein und niemals etwas direkt zu fordern. Niemals, aber wirklich niemals käme die schüchterne Valentina auf die Idee, ihrem Freund ins Gesicht zu sagen, welche Sexstellung sie gern hätte. Dieses Problem erzählte sie ihrer Freundin Nadine, und die kam auf eine nicht ganz ernst gemeinte Idee: «Wenn du das nicht aussprechen kannst, dann male ihm doch ein Bild davon, was du willst.»

«Na super. Ich hab Probleme, und du machst dich darüber lustig?»

«Nein, tut mir leid, das wollte ich nicht, aber ich meine ... ach, du darfst das nicht so ernst nehmen, dann blockierst du dabei total. Mach dir doch einen Spaß daraus, dass du das nicht sagen kannst.»

«Wie meinst du das?»

«Na, wenn er durch Andeutungen nicht selbst draufkommt, dann stell ihm doch so Fangfragen, also so ein Rätsel oder so.»

«Ja, ich kann ihm ja ein Bilderrätsel aufmalen.»

«Ja, super, genau!»

«Das war jetzt von mir ein Scherz.»

«Och, schade.»

Als Valentina aber eines Abends in kreativer und lustiger Laune war, machte sie genau das. Sie malte ein Bilderrätsel.

Der Trick: Lasst Bilder sprechen
Von Valentina, 27, für ihren Freund Konstantin, 35

1, 2, 3, 4, 5, 7   1   1, 2, 3, 4, 5   3 = H, 4 = R, 5

Zunächst die gute Nachricht: Konstantin hat über das Bilderrätsel von Valentina sehr gelacht. Die Stimmung war also schon mal prima. Leider hat er so lange daran herumgegrübelt, dass, kein Scherz, Valentina dabei eingeschlafen ist. Und Sie? Können

Lust auf ...

Sie es lösen? Wir haben auch lange gebraucht. Vielleicht kann Valentina keinen Aal zeichnen ... äh ... hoppla, zu viel verraten? Aber mit «Nippelgrinsewurm» sind wir einfach nicht auf die Lösung gekommen.

Valentina gab nicht auf. Sie entwickelte eine andere Rätselvariante, um ihren Wunsch scherzhaft zu äußern: Malen nach Zahlen. Dieses Mal konnte Konstantin nicht scheitern. Und er ist auch nicht gescheitert. Aber ja, doch, man könnte scheitern. Sagen wir mal so: Der Bauchnabel ist nicht bei jedem der Lustpunkt schlechthin.

Nachtrag:

Das Beste an Valentinas Trick war: Aus Lachen wurde Lust. Auch wenn sie es gar nicht so direkt geplant hatte. Durch die lustige Art, ihre Wünsche darzustellen, lockerte sich ihr Umgang mit dem Thema insgesamt. Und für die Leser, die sich dafür begeistern, hat Valentina noch ein paar Sexstellungs-Rätsel aufs Papier bzw. ins Netz gebracht (www.johanneshayers.de).

Panik mit Pärchen

Matthias ist ein Mann, der mit jedem kann. Seine Freundin Nina sieht diese zwischenmenschliche Unbekümmertheit meistens als eine positive Eigenschaft. Hin und wieder aber schlägt seine Unbekümmertheit ihrer Meinung nach in absolute Unbedarftheit um. Am schlimmsten ist es für sie, wenn er nicht akzeptiert, dass sie nicht so unkritisch mit ihren Mitmenschen umgeht wie er: «Ich kann eben nicht eine Stunde neben einem Idioten sitzen und mir sagen: ‹Ja, so sind halt Idioten, so sind se halt. Da kann man nichts machen.›» Beim letzten Mal hat Matthias den Bogen eindeutig überspannt. Er hat sich mit Nina nach der Arbeit in einem Restaurant zum Essen verabredet. Auf dem Weg dorthin traf er einen alten Schulfreund und dessen Frau und lud beide spontan zum Essen ein. Und da saßen die drei nun, als Nina hereinkam.

«Ahh, da ist ja deine Nummer 1, hallo, ich bin der Maxe!», sprang der alte Schulfreund auf. «Ja, die Nummer 1, super, haha», salutierte dessen Frau den Spruch ihres Mann brav. Nina schaute mit gespielter Freundlichkeit auf Maxe und Susi und blickte Matthias strafend an, der das aber nicht mitbekam, die drei einander vorstellte und kurz darüber redete, wie sie sich gerade zufällig in der Stadt getroffen hatten. Nina dachte währenddessen über die «Nummer 1» nach und daran, dass es ja dann auch eine Nummer 2 und eine Nummer 3 geben müsste. Was für ein Macho!, dachte sie.

Ein Macho, der sich sofort wieder zu Wort meldete: «Meine Nummer 1, mein kleinet Schmusekätzcken hier», Maxe deutete auf seine Frau, «die hab ich schon seit dreizehn Jahren. Ja, die konnte nich anders, die is damals direkt auf meine Schenkelbürste abgefahren.» Maxe kraulte sich dabei stolz im Bart. «Aha, soso», sagte Nina, immer noch um Freundlichkeit bemüht, und dachte: Eine Schenkelbürste? Was ist das? Moment, er hat sich an den Bart gefasst, das heißt ... Iiih, das will ich mir bei dem aber nicht vorstellen, igitt, was erzählt dieser Mensch hier über seine Sexualpraktiken? Was ist das für ein Idiot? Nina nickte höflich bestätigend weiter – Jaja, soso, aha – und überlegte: So einen kann es doch nicht in echt geben. So einen gibt es doch sonst nur im Fernsehen. Auf RTL II oder so.

Da unterbrach Matthias ihre Gedanken und lachte: «Schenkelbürste, kennste das nicht, Nina? Schenkelbürste? Na?» Nina schaute auf Maxe, der sie wissend angrinste. Da begriff sie erleichtert, was hier gespielt wurde. «Oh! Jetzt weiß ich Bescheid! Mann, was war ich blöd. Ich dachte die ganze Zeit, du wärst echt, also du meinst das ernst!»

«Watt meinste?», fragte Maxe. «Na, du meinst das ernst mit dieser Schenkelbürste und so, nein, bin ich doof. Sag, wie heißt der Comedian noch mal, den du parodierst?» Matthias schaute Nina an und schüttelte den Kopf: «Nein, nein, Nina.» Nina aber war sich ganz sicher, dass niemand so einen stumpfen Machoquatsch in Gegenwart von zwei Frauen reden würde, also konnte Maxe nur ein lustiger Typ sein, der versucht, eines dieser Ruhrpottoriginale zu parodieren, oder eben einen Kabarettisten oder Comedian, der das macht. Sie stupste Matthias an. «Hilf mir mal, Mensch, ich bin so blöd. Wer ist das noch? Na, jetzt fällt mir aber der Name nicht ein.»

Matthias schüttelte den Kopf: «Nein, das ist er selbst, also das ist nicht ...»

«Watt is mit euch? Watt will dein Schmusekätzcken wissen?», hakte Maxe nach.

«Haha, Schmusekätzcken!», lachte Nina. «Wer ist das? Sag doch!»

«Wer denn getz?», fragte Maxe da ohne ein Grinsen, ohne Augenzwinkern völlig unironisch.

Matthias schaute Nina ernst an und schüttelte noch einmal eindringlich den Kopf.

Nina blickte in seine Augen und begriff: Es war keine Parodie. Dieser Mensch war wirklich so. Das konnte nicht sein.

«Watt hasse denn getz, sach ma, Kätzcken?», fragte Maxe eindringlich.

«Ach, nichts, ich dachte …»

«Nich denken, Kätzcken, einfach machen!»

«Nee, genau, nich denken, einfach machen», salutierte Susi abermals ihrem Maxe.

Da sackte Ninas Laune komplett in den Keller. Und das konnte man an ihrem Gesicht so klar ablesen wie auf einer Ampel, die von Grün über Gelb auf Rot springt. Sie schaute Matthias mit bitterbösem Blick an. Aber der verstand gar nichts und zuckte nur mit der Schulter.

Der merkt mal wieder null, dachte Nina. Wie soll ich das aushalten? Zwei Stunden mit denen essen? Niemals! Ich werde verrückt, ich kriege Panik, das geht nicht! Sofort arbeitete Ninas Gehirn an einer Fluchtstrategie. Vielleicht die alte Masche? Ihre Freundin Carola ansimsen und sie bitten, sie anzurufen? Carola kann das spitzenmäßig. Letztes Mal hatte sie so laut «Hilfe, Hilfe» in den Hörer gerufen und angefangen zu schluchzen, dass es der Nebenmann deutlich gehört hatte. «Ich habe mich ausgesperrt, und du hast den Ersatzschlüssel, ich fühle mich einsam», hatte sie gebrüllt. Aber nein, das würde hier nicht funktionieren. Die beiden waren so stumpf, wahrscheinlich würde der Mensch da ihr Telefon verlangen und Carola trösten: «Schmusekätzcken, ich komme mit meine Schenkelbürste.» Nein, es musste etwas Dramatisches her.

Panik mit Pärchen

Der Trick: Holt die Verwundeten hier raus!
Von Nina, 32, für ihren Freund Matthias, 37

Nina stand auf: «Ich geh mal kurz zur Toilette.»

«Soll ich mitkommen?», fragte Susi besorgt.

«Nein, ich kann schon alleine, danke.»

Nina ging los und dachte an Carola. Sie dachte daran, wie sie beide einmal eine Doku über Filmrequisiten gesehen hatten, und darüber, wie Filmblut gemacht wird. Eine Zutat war tatsächlich bei einigen Produktionen Ketchup. Da kam ihr eine Idee. Sie steuerte den Tresen an, schnappte sich eine in Kunststoff eingeschweißte Portion Ketchup und ging aufs Klo. Dort schmierte sie sich Ketchup in die Nasenlöcher und etwas davon in ihr Papiertaschentuch. Mit schmerzverzerrt traurigem Gesicht ging sie zurück zum Tisch.

«Oh, was ist mit dir los?», fragte Matthias fürsorglich.

Aha, jetzt wird er wach, geht doch, dachte Nina und sagte: «Ich hab Nasenbluten, weiß auch nicht, wie das jetzt kommt.»

«Sieht nicht gut aus», meinte sogar der stumpfe Max, aber nicht, ohne den abgenutzten Witz anzubringen: «Hasse wohl die Regeln im Kopp.»

«Willse dich nicht hier hinlegen?», fragte Susi.

«Nein, ich muss nach Hause.»

«Klar, ich fahr dich, Schatz.»

«Ohhh, schade, na dann bis zum nächsten Mal, Schmusekätzcken ...»

Von wegen, dachte Nina, mich siehst du nie wieder.

Und so entging Nina dann doch noch einem schrecklichen Abend. Im Auto angekommen, schniefte sie kurz den Ketchup ins Taschentuch und hielt Matthias eine Standpauke über sein unsensibles Verhalten. Gerade wollte er noch sagen: «Is doch allet nich so schlimm, Schmusekätzcken», da schaute er in Ninas Gesicht und wusste, wenn er das sagte, hatte er gleich eine blutende Nase.

Nachmachen?

Liebe Leser, vielleicht denken Sie begeistert: Das ist ja super, das kann ich doch überall anwenden. Wenn ich wieder mal in einem blöden Büromeeting hocke, gehe ich kurz zur Toilette und dann einfach mit Nasenbluten nach Hause. Ja, natürlich können Sie das machen. Und wenn ich ein erstes Date habe und das Date ist so richtig nervig, komme ich mit Nasenbluten zurück und ... Ja, doch, ja, das können Sie machen. Und wenn ich bei «Freunden» eingeladen bin und nach Hause will, dann kann ich das ja auch ... Ja! ABER: Überlegen Sie bitte kurz, dass dieses Buch vielleicht auch andere lesen. Dann kommen plötzlich alle im Meeting mit blutiger Nase zurück. Und dann kommen beim ersten Date beide mit Nasenbluten von der Toilette zurück. Und, das kann ja auch passieren, Sie laden Gäste ein, und die kommen plötzlich von Ihrer Toilette mit Nasenbluten zurück.

Unser Tipp: Benutzen Sie diesen Trick nur, wenn Sie absolut sicher sind, dass alle anderen dieses Buch nicht gelesen haben.

Panik mit Pärchen

Der Rumtreiber

Vor einiger Zeit erteilte Patrick seinem Sohn Linus eine Lehre. Weil dieser kleine Schelm in der Schule Papis Unterschrift gefälscht hatte, tat Patrick es ihm gleich und fälschte Linus' Unterschrift unter einem Aushang, der dessen Playstation mit Zubehör zum Geschenk anbot. Kopien davon heftete Patrick an Bäume und Laternen in der Umgebung. Der Trick verfehlte seine Wirkung nicht, Linus hat nie wieder Papas Unterschrift gefälscht. Das Dumme ist nur: Linus hat sich das bis heute gemerkt. Und heute beschwerte sich seine Mutter über seinen Vater, der ihrer Meinung nach ständig abwesend und nie erreichbar sei.

«Nein, Linus, ich beschwere mich ja nie, nie, du weißt es. Immer mache ich hier alles alleine, ich habe mich ja schon daran gewöhnt. Nie hab ich mich beschwert.»

«Nein, Mama.»

«Aber woher soll ich wissen, ob dein Vater morgen zu seiner Mutter fahren will, ich weiß es nicht.»

«Nein, Mama.»

«Und ob wir für sie noch etwas einkaufen müssen oder nicht. Aber er streunt mit seinen Kumpels aus der Band herum und stellt sein Handy ab. Frechheit.»

«Ja, Mama.»

«Ja, wirklich, er streunt herum, ich weiß nicht, wo er ist, das ist ja wie bei einem entlaufenen Kater ...»

Da machte es bei Linus klick. Er erinnerte sich an die Zettelaktion seines Vaters und brachte seine Mutter auf eine kleine, gemeine Idee, die Patrick klarmachen sollte, wer Frauchen und wer Kätzchen ist. Sofort machten sich die beiden an die Arbeit, und Gabis Laune schwenkte spontan von mies in lustig-kreativ.

Der Trick: Katerstimmung

Von Gabi, 42, (zusammen mit ihrem Sohn Linus, 13) für ihren Mann Patrick, 48

Linus ahnte, dass sein Vater wieder im Gloria abhing. Er radelte dorthin und hängte im Umfeld der Kneipe diesen Zettel an jeden zweiten Baum und Laternenpfahl:

(Wir haben das Bild artgerecht verfremdet. Und ja, damit Sie nicht rätseln müssen, das Originalbild wurde am Gardasee aufgenommen.)

Kurze Zeit später kam Patrick mit seinem Freund Eddie aus der Kneipe. Eddie fiel der Zettel am Baum zuerst auf: «Guck mal, 50 Euro Belohnung für eine Katze, die müssen die aber echt liebhaben ... äh?» Eddie brach in schallendes Gelächter aus. «Das bist ja du!»

«Was bin ich?»

«Auf dem Zettel! Haha, da steht, du wirst kastriert. Und dahinten hängt noch ein Zettel, guck, und da noch einer. Is das geil, ich lach mich kaputt! Warte, ich rufe deine Frau an, dann kriege ich 50 Euro!»

Patrick sah die Zettel und war sprachlos. Aber nur einen Augenblick, dann fuhr er Eddie an: «Du kriegst gleich einen Tritt in den Arsch, hilf mir lieber, die Dinger abzumachen. Meine Fresse, ich glaube es geht los, dreht Gabi jetzt völlig durch?»

«Jaja, is ja gut», meinte Eddie, «aber eigentlich schuldest du mir dann 50 Ocken, nee, Mäuse passt besser in deinem Fall.»

«Jaja, lustig, lustig. Aber jetzt hilf mir.»

Die beiden sammelten die Zettel wieder ein. Das war ein netter Spaziergang, der den Alkoholpegel ganz gut abbaute. Als Patrick zu Hause ankam, standen Gabi und Linus schon in der Tür und bogen sich vor Lachen. Da konnte Patrick dann auch nicht mehr so verärgert sein, wie er es sich vorgenommen hatte, zumal er sich an seinen Zetteltrick mit Linus erinnerte. Wie der Vater, so der Sohn. Und genau wie sein Sohn hat auch der Vater etwas daraus gelernt und versprach, sein Handy von nun an eingeschaltet zu lassen. Dann blickte er noch einmal auf die Vermisstenanzeige und meinte: «Euch kann man wirklich nicht allein lassen.»

«Nein, kann man nicht», lächelte Gabi. «Du weißt ja: Ist die Katze aus dem Haus, tanzen die Mäuse auf dem Tisch.»

Die alte Kaffeemaschine

Es gibt eine bestimmte Sorte Mann, die unseres Wissens keinen eigenen Gesellschaftsgruppennamen beansprucht. Sie sind keine Yuppies, sie sind keine Hipster, und sie sind auch keine Yuccies, was auch immer das schon wieder sein soll. Sie sind überhaupt keine urbanen Szenetypen. Die sogenannte Szene ist ihnen egal. Sie leben eher in Kleinstädten und auf dem Land, sind aber auch keine Biobauerburschen. Sie kennen sich zwar mit Computern aus, hängen aber nicht den ganzen Tag davor. Von Nerds unterscheidet sie auch, dass sie zwar keine großen Charmeure sind, aber dennoch wissen, dass man bei einem Zungenkuss der Frau die Zunge nicht in die Nase steckt. Es sind technikaffine Männer. Es sind Männer, die wissen, wie man einen Akkubohrer repariert. Ja, das ist es, das ist vielleicht der passende Gesellschaftsgruppenname für diese Männer: Männer, die wissen, wie man einen Akkubohrer repariert, kurz MdwwmeAr. Diese MdwwmeArs sind ein bisschen wie die Kriegsgeneration, sie werfen nichts weg und versuchen, alles zu erhalten. Sie sind für Nachhaltigkeit, aber sie sind natürlich keine Lohas (Lifestyle of Health and Sustainability, Lebensstil für Gesundheit und Nachhaltigkeit), denn das eigentlich Ökologische interessiert sie nicht besonders. Merke: MdwwmeArs sind keine Lohas! Ihre Werterhaltung der Dinge gehorcht keinem äußeren ökologischen, sondern einem inneren Prinzip, dem Prinzip, Geräte als Teil ihres Lebens zu betrachten.

Das bedeutet: Die zwanzig Jahre alte Kaffeemaschine wird repariert, auch wenn das Teil so versifft ist, dass eine Kakerlake sie nur mit Gummistiefeln betreten würde.

Christian ist so ein MdwwmeAr, und er hat charakterstarke Seiten, wie seine Freundin Sandra findet. Er ist treu und absolut verlässlich. Dinge, die sie von ihrem letzten Freund nicht sagen kann. Und das ist nur ein Grund, warum sie bestimmt irgendwann mit Christian zusammenziehen wird. Bis dahin möchte sie bei ihm einfach nur mal einen Kaffee genießen. Aber das geht nicht. Wenn sie Christian darauf anspricht, die olle verseuchte Maschine wegzuwerfen und eine neue zu kaufen, sagt er nur: «Die läuft noch.» Da fragt sich Sandra natürlich, ob er auch bei ihr einen so niedrigen Standard formuliert: «Solange die noch läuft, kommt die nicht weg.» Auch der Vorschlag, sie könne ihm ja eine neue Kaffeemaschine schenken, erzeugt heftige Gegenwehr: «Nix, dafür gibst du kein Geld aus, das Geschenk nehme ich nicht an!» Was tun? Ist hier guter Rat teuer? Nein, guter Rat kommt umsonst in Gestalt von Sandras Freundin Rita.

Der Trick: Gewonnen!
Von Sandra, 32, für ihren Freund Christian, 37

Sandra ließ sich drei Wochen Zeit, bis sie ihren mit Rita abgesprochenen Plan in die Tat umsetzte. Denn Christian musste das Gespräch über die Kaffeemaschine schließlich erst vergessen. Ja, der süße Kitt der Vergesslichkeit, der unsere Beziehungen zusammenhält wie Leim die Bretter, die so mancher vorm Kopf trägt. Ohne das Vergessen wären die meisten Beziehungen zum Scheitern verurteilt. Denn Sandras Meinung nach haben zwei Arten von Menschen große Beziehungsprobleme: Die mit einem sehr guten und die mit einem sehr schlechten Gedächtnis.

Sandras Freundin Rita, die Christian nur dem Namen nach kennt, rief also eines Abends bei ihm an und gab sich als Werbebeauftragte der Firma «Coffee-Expert» aus. «Nein, ich mache bei keiner Marktforschung mit», rief Christian sofort sauer in den Hörer.

«Nein, nein, Entschuldigung, Sie brauchen nirgendwo mitzumachen, Sie haben schon mitgemacht und gewonnen.»

«Jaja, den Trick kenne ich.»

«Nein, das ist kein Trick», log Rita. «Sie haben vor drei Monaten bei einem Preisausschreiben mitgemacht.»

«Ach, so? Ach ja, kann sein.»

Und das war richtig. Christian hatte wirklich bei einem Preisausschreiben mitgemacht, aber nichts gewonnen. Das wusste Sandra und hatte es Rita erzählt.

«Und auf den Plätzen 11 bis 20 haben wir die Kaffeefiltermaschine Aroma De Luxe als Gewinn. Das heißt, Sie erhalten ein Gerät im Wert von 85 Euro!»

«Echt jetzt?»

«Wir senden die Ware noch heute ab, sie ist in zwei Tagen bei Ihnen, wenn Sie nicht ablehnen.»

«Waas? Wieso ablehnen? Natürlich nehme ich das an. Super! Klasse! Gewonnen! Haha! Geil! Das ist ja was! Ich hab noch nie was gewonnen! Echt geil, hahaha!»

Er freute sich wie ein kleiner Junge. Rita hätte am liebsten losgeprustet, aber sie riss sich zusammen.

Zwei Tage später musste sich Sandra noch mehr zusammenreißen. Sie blickte auf die neue Kaffeemaschine, die Rita über einen Internethandel an Christian hatte schicken lassen, und ihr Freund platzte vor Stolz.

«Jetzt guck dir das an! Guck, guck, guck! Naaa, was ist das?»

«Ah endlich, super, du hast dir eine Kaffeemaschine gekauft, toll!», freute sich Sandra.

«Gekauuuft? Von weheegeen! Auf keinen Fall. Die hab ich GEWONNEN!»

«Was?»

«GEWONNEN!»

«Super!»

«Jaha, die macht einen Kaffee, ich kann dir sagen.»

«Ich weiß», dachte Sandra, «ich habe sie selbst ausgesucht.»

Und so genoss Sandra bei Christian zum ersten Mal einen leckeren Kaffee aus einer sauberen Maschine. Ein halbes Jahr später zogen die beiden zusammen. Vor die Wahl gestellt, welche Kaffeemaschine in die Küche kommt, meinte Christian tatsächlich: «Ja, deine ja wohl nicht, das olle Ding.» Ohne Worte.

Ein cooles Paar

Gerhart ist 67 und seit 35 Jahren mit seiner zwei Jahre älteren Frau Marlies verheiratet. «Ich mag ja Frauen mit so einem gewissen Altbaucharme», flachst Gerhart gegenüber Marlies gern, «auch wenn die Sanierung immer wieder recht kostspielig ist.» Mit Sanierung meint er, dass seine Frau sich im Gegensatz zu ihm ihr Fitnessprogramm etwas kosten lässt und auch mal ein Gesundheitswochenende bucht. Seinen körperlichen Verfall könne man hingegen allenfalls noch als Naturschauspiel kommentieren, meint Marlies: «Wind und Wetter haben über die Jahrhunderte bizarre Formen entstehen lassen.» Sie dagegen sei zwar eine Altbauwohnung aber «sonnig, repräsentativer Jugendstil und sehr gut geschnitten». – «Ja, ja», meint Gerhart, «aber trotzdem provisionsfrei abzugeben, die Wärmedämmung ist im Arsch.»

«Ich weiß, dass ich dauernd friere, aber du doch auch. Warum holen wir uns nicht endlich Heizdecken?»

«Heizdecken holen sich nur alte Leute.»

«Wir sind alt.»

«Du vielleicht.»

Gerhart ist noch nicht bereit, mit dem Kauf einer Heizdecke sein Opa-Image aufzupolieren. Während eines Kurbesuchs hatte ihm ein Arzt eine viel bessere Methode gegen kalte Füße beigebracht: autogenes Training. Wenn Gerhart jetzt im Bett liegt, konzentriert er sich auf seine Füße und wiederholt mit sich selbst hypnotisierender Stimme: «Meine Füße sind ganz warm, meine Füße sind ganz warm ...» Und tatsächlich, nach kurzer Zeit werden seine Füße warm und Marlies neidisch.

«Mein Mann ist jetzt Esoteriker. 35 Jahre verheiratet und dann so etwas.»

Ein cooles Paar

«Man wird ja wohl noch dazulernen dürfen, oder nicht?»

«Ja, darf man, aber etwas, das nicht nur *dir* hilft. *Meine* Füße sind immer noch kalt.»

«Dann mach doch auch autogenes Training.»

«Ich habe es ja probiert, aber bei mir funktioniert das nicht.»

«Du konzentrierst dich nicht genug, du musst dich mehr konzentrieren!»

«Sag du mir nicht, was ich tun soll. »

«Dann mach's halt alleine, du weißt ja eh immer alles besser.»

«Nein, *du* weißt immer alles besser.»

«Weiß ich nicht!»

«Weißt du doch! Und das letzte Wort musst du auch immer haben.»

«Muss ich nicht!»

«Da! Musst du doch! Ach, egal, mich interessiert dieser ganze Esoterik-Quatsch jetzt nicht mehr.»

Esoterik-Quatsch? Darf die Ehefrau das psychologisch fundierte Heilmittel ihres Mannes so beleidigen? Nein, meint Gerhart, man muss auch im Alter noch etwas dazulernen. Und er fand einen Weg, seiner Frau das sehr charmant beizubringen.

Der Trick: Richtig einheizen
Von Gerhart, 67, für seine Frau Marlies, 69

Einige Tage später kaufte Gerhart für seine Frau eine Heizdecke. Gerhart versteckte die Heizdecke in Marlies' Bett nicht unter dem Bettlaken, das wäre aufgefallen. Nein, Marlies breitet unter dem Bettlaken immer noch eine kuschelige Decke aus. Und unter dieser verbarg er die Heizdecke. Das Netzkabel verlegte er unauffällig unter dem Bett und platzierte den Netzstecker in der

Steckdose an seiner Bettseite. So konnte er die Heizdecke unter Marlies ganz dezent bei sich einschalten, ohne dass sie etwas davon mitbekam.

Als sich seine Frau ins Bett legte und wie immer fror, meinte Gerhart mit gespielt mitleidigem Blick: «Ach, Marlies, komm, wir probieren das noch mal mit dem autogenen Training. Ich habe da etwas vergessen, womit man den Prozess psychologisch noch verstärken kann.»

«Was vergessen? Typisch für dich.»

«Na, dann habe ich dich ja nicht enttäuscht. Also, du musst ommeldipomm, ommeldipomm sagen.»

«Ich soll ommadipomm sagen?»

«Nein, ommeldipomm! Das entspricht dem Körperschwingungston, der für die neuronale Durchblutungssteuerung zuständig ist», schwindelte Gerhart gekonnt. «Das ist wichtig! Dann wird dein ganzer Körper warm.»

«Nimmst du mich auf den Arm?»

«Das würde ich niemals wagen. Also, am besten sagst du: Alles unter mir wird warm, und Wärme strömt in meinen Körper, ommeldipomm, ommeldipomm, ommeldipomm. Und die Töne beim pomm immer schön langziehen.»

Marlies blickte Gerhart sehr skeptisch an. Aber ihr war so kalt, dass sie dem Esoteriker vertraute und die Scham überwand.

«Ommeldipomm, ommeldipomm ...», tönte es da lang und laut aus dem Schlafzimmer. Während die Nachbarn an ein abgefahrenes Sexritual glaubten, betete Gerhart, die Kontrolle über seine Lachmuskeln zu behalten, um noch eine weitere Peinlichkeitsspitze setzen zu können.

«Bei mir passiert aber immer noch nichts!», schimpfte Marlies.

«Oh, tut mir leid, ich habe den Honig vergessen.»

Ein cooles Paar

Gerhart tupfte eine Fingerspitze Waldhonig zwischen die Augen von Marlies.

«Das hast du in der Kur gelernt? Du warst doch in Bad Salzuflen und nicht in Neu-Delhi.»

«Die Methoden sind sich sehr ähnlich, also bitte.»

Marlies ließ es geschehen und rief mit Honig auf der Stirn: «Ommeldipomm, ommeldipomm, ommeldipomm ...» Ein unvergesslicher Anblick. Vor allem, weil Gerhart, als Marlies die Augen schloss, das Schauspiel zu dokumentarischen Zwecken, und falls er seine Frau später einmal erpressen möchte, mit seinem Handy filmte. Als der Ommeldipomm-Ton von Marlies schließlich unruhiger wurde – Gerhart kennt die Anzeichen von Ungeduld an seiner Frau ganz genau –, schaltete er die Heizdecke an, und Marlies rief begeistert: «Ja, jaa, jaaa, ich fühle es, es klappt. Unglaublich, ich werde warm!»

«Na also. Und jetzt ruhig weitermachen, immer weitermachen.»

«Ommeldipomm, ommeldipomm ...», wiederholte Marlies und fühlte, wie die wohltuende Wärme in ihren Körper strömte.

Und wenn sie nicht gestorben ist, ommeldipommt sie noch heute? Nicht ganz. Es stimmt zwar, Marlies hatte in diesem Moment ihre Meinung über autogenes Training geändert, und Gerhart hatte, was er wollte. Gern hätte er dieses Spiel noch ein paar Wochen weitergespielt, mit Variationen wie «Ommeldipüüü, ommeldipuller und pommeldischnuller. Aber so gutgläubig war Marlies nun auch wieder nicht. Sie wechselte das Bettzeug, fand die Heizdecke und brüllte: «Gerhart, du alte Sau! Ich ommeldipomm dich gleich, aber richtig!» Was sich für die Nachbarn so anhörte, als ob sich eine leidenschaftliche Steigerung des nächtlichen Ommeldipomm-Sexrituals anbahnte. Aus

der alten Sau wurde aber ganz schnell wieder ein süßer Brumm-
bär. Schließlich liebt Marlies ihren Gerhart seit über 35 Jahren
auch, weil er so ein durchtrieben lustiges Schlitzohr ist.

Undank verpflichtet

Wenn sein Arbeitskollege ihm die Aufzugtür aufhält, sagt Achim brav: «Danke.» Lässt ihn ein Autofahrer an der Kreuzung vor, winkt Achim ihm freundlich zu: «Danke!» Bringt seine Frau Liliane die Kinder in den Kindergarten und zur Schule, putzt das Haus und hat nach ihrem Halbtagsjob, in dem sie so viel arbeitet wie andere in acht Stunden, auch noch das Essen auf dem Tisch stehen, sagt Achim, wenn er nach Hause kommt: «… !» Nichts.

Weist Liliane ihn auf die ausbleibende Anerkennung hin, macht sie das, wie es sich für eine enttäuschte Frau gehört, auch in einem Ton der Enttäuschung: «Immer ist alles selbstverständlich für dich. Nie bedankst du dich. Dann koch du doch selber …», und erntet, wie es sich für einen gekränkten Mann gehört, gekränktes Klagen: «Immer nur Vorwürfe, nie etwas anderes, ich kriege immer nur Vorwürfe zu hören …»

Auch wenn Lilianes Anliegen sicher gerechtfertigt ist, kann sie es nicht empfängergerecht vortragen. Liliane rutscht entweder in den Beleidigt- oder in den Befehlston. Ihr fehlt der wohltemperierte, der verständnisvolle Ton, der aber nicht unterwürfig klingt. Ihr fehlt eine Formulierung, die in der Mitte liegt zwischen «Du, ich bin dir total dankbar, dass ich durch dich erfahren durfte, wie es sich anfühlt, wenn einem Undankbarkeit und Geringschätzung so offen entgegenschlägt, das hat mein Gefühlsspektrum enorm bereichert» und «Jetzt lob mich halt, du blöder Wichser!».

Der Trick: Undank kommt selten allein

Von Liliane, 38, (und Freddie) für ihren Mann Achim, 39

Wenn Liliane für Achim auch nicht die richtigen Worte fand, es gab jemanden, der die richtigen Worte für Liliane fand. Worte, die sich Liliane von Achim erhoffte. Und dieser Jemand war Freddie. Freddie? Welcher Freddie? Na, Freddie, Lilianes imaginärer Gesprächspartner, der sich nach dem Essen plötzlich auf dem Platz neben ihr befand und der ihr Essen ausgiebig lobte. «Was sagst du da, Freddie?», wandte sich Liliane zu ihrer Linken an den eingebildeten Gast: «Es hat dir sehr gut geschmeckt, ja? Du meinst das Huhn war richtig saftig? Danke, das ist nett von dir. Wie ich das hinbekomme? Übung. Ich kann sehr viel üben, weil mir kein anderer den Kochplatz streitig macht.»

«Sehr lustig», meinte Achim und atmete dabei so stark aus wie jemand, der etwas überhaupt nicht lustig findet, sondern sehr anstrengend. Liliane aber sprach mit Freddie unbeirrt weiter.

«Wie ich das schaffe? Wie? Was meinst du? Ach, du meinst das Essen insgesamt, trotz Arbeit und Kinder, die ich auch schon ins Bett gebracht habe, meinst du das?»

«Jaja, ist gut, hab's kapiert», unterbrach Achim. Aber Liliane nahm ihm die Einsicht nicht ab und legte jetzt erst richtig los.

«Oh, danke, dass du fragst, Freddie, danke. Nein, das ist nicht leicht, alles unter einen Hut zu bringen, aber ich ... Ohhh, danke! Das ist ... ohhh das ist aber nett, das hat mir ja noch niemand gesagt.»

«Was?», fragte Achim, gegen seinen Willen interessiert. Liliane ignorierte ihren Mann, so wie er ihre Anstrengungen in der Küche.

«Jetzt hör aber auf, Freddie, du Charmeur, nein, das kann

man ... wer? Ach so, der? Jaja, mein Mann, na ja, was von ihm übrig geblieben ist.»

«Was soll das jetzt heißen?», unterbrach Achim. Liliane ignorierte ihn weiter.

«Bitte, Freddie? Nein, das ... oh, Freddie, wohin denn? Du kleiner Verführer! Bitte? Weil ich so gut koche, möchtest du was? Du möchtest mir etwas Groooßes zeigen? Oh, da bin ich natürlich neugierig.»

«WAS?», rief Achim. Aber schon stand Liliane auf und folgte ihrem imaginären Freund Freddie, nicht ohne fröhlich auf den Küchentisch zu deuten: «Oh, räumst du ab, Achim? Ich bin beschäftigt.»

Aus dem Schlafzimmer hörte Achim Liliane euphorisch rufen: «Freddie, das ist aber wirklich eine g r o ß e Überraschung!»

Dieses leicht verrückte Schizo-Spiel spielte Liliane immer weiter. Aber nicht nur, wenn sich Achim für das Essen bedanken sollte. Auch wenn sie zum Beispiel vom Friseur kam: «Wie sehe ich aus, Freddie? Jung? Und auf eine unaufdringliche Art sexy? Danke!» Und wenn sie von Achim mal überhaupt keine Beachtung bekam, hatte sie auch mal zwei Freunde: «Jeffrey? Hör auf, ich weiß, dass mein Hintern noch knackig ist ... Freddie, du musst nicht meine Beine loben ... Bitte? Ihr zwei? Alle beide? Was wollt ihr mir zeigen? Bitte? Etwas ganz G r o ß e s ? Na da bin ich natürlich neugierig!»

Achim lernte auf diese Weise zunächst widerwillig, aber doch nachhaltig, was seine Frau unter gelungenen Komplimenten versteht und wie sie sich aufrichtige oder aufrichtig gespielte Anerkennung wünscht. Irgendwann hat Achim nur noch gelacht, wenn Liliane mal wieder ihren Freddie herbeiphantasierte. Etwas unwohl war ihm nur noch bei dem Gedanken, Liliane könnte das auch beim Essen mit ihren gemeinsamen Freunden machen. Also hat er sie bei solchen Gelegenheiten in Anwesenheit der Freunde am meisten gelobt. Sehr zum Unbehagen der eingeladenen Männer, die sich anschließend von ihren Frauen zu Hause anhören mussten, was für ein liebenswürdiger Mann Achim sei, an dem sie sich gefälligst mal ein Beispiel nehmen sollten.

Intime Bilder

Der Begründer der Psychoanalyse Sigmund Freud war der Meinung, dass Frauen Männer um ihren Penis beneiden. Saschas Freundin Jennifer hält nicht viel von dieser Penisneid-Theorie: «Erst mal beneiden die Männer sich doch untereinander. Sascha ist ja sogar auf den Penis von David neidisch.»

Dazu muss man wissen, dass im Flur von Saschas und Jennifers gemeinsamer Wohnung eine meterhohe Fotografie von Michelangelos berühmter Marmorskulptur hängt, die einen nackten David zeigt.

Bei Davids Penis muss dem Künstler der Marmor ausgegangen sein, darum sieht Jennifer auch keinen Grund für Saschas Unmut, wenn er auf das Bild blickt.

«Ich will aber nicht in unserer Wohnung auf einen Pimmel gucken.»

«Aber du brauchst doch nicht neidisch zu sein, der ist doch ganz klein.»

«Die Originalstatue ist 6 Tonnen schwer, weißt du, was da der Piepmann wiegt? Aber mir geht's auch nicht um die Größe, das ist sein Problem, mir geht's ums Prinzip. Ich fühl mich unwohl mit einem zweiten Penis im Haus.»

«Ein zweiter Penis im Haus? Das ist Kunst.»

«Das ist erst mal ein Penis.»

«Nein, das ist erst mal Kunst. Und wir haben gesagt, im Flur darf jeder von uns ein Bild aufhängen, das ihm passt. Und das passt mir.»

«Mir passt das aber nicht.»

«Aber mir passt das.»

«Mir aber nicht.»

«Aber mir.»

Wer so kunstvoll auf Kindergartenniveau streiten kann, der ist auf einen kunstvollen Kompromiss angewiesen. Das denkt auch Sascha.

Der Trick: Da beißt die Katze in den Schwanz
Von Sascha, 29, für seine Freundin Jennifer, 28, und für die Kunst

Saschas Freund Tim ist nicht nur ein guter Freund, sondern auch ein gewitzter Photoshopper. Er hat schon viele Promifotos lustig zusammengebastelt und im Netz veröffentlicht und lachte sich sofort eins, als Sascha ihm von seinem Streit mit Jennifer erzählte.

«Na, Alter, dann zieh dem Burschen doch ein Höschen an, is doch schnell gemacht.»

«Wie anziehen?»

«Na ganz easy. Ich zieh mir jetzt von dem David 'ne amtliche JPEG-Datei ausm Netz, und dann verpass ich ihm ein Höschen.»

«Haha! Du bist ja irre. Was denn für ein Höschen?»

«Weiß nicht, Badehose oder so, ich guck mal im Netz.»

Und was Tim dort fand und sofort gefiel war eine rosa Hello-Kitty-Hose.»

«Die ist megageil, oder? Ist doch was für Mädels, oder?»

«Ist was für ganz kleine Mädels, aber der David ist ein Mann und hm ... ach was, mach mal, Alter, ich lass mich überraschen.»

Tim zog Michelangelos David in Photoshop mit professioneller Geschwindigkeit eine Hello-Kitty-Hose an, ließ die Datei bei einem Internetanbieter für kleines Geld als Poster drucken, und drei Tage später legte Sascha dieses Bild passgenau über den alten nackten David. Kaum hing das neue Bild an der Wand, kam Jennifer herein. Hektisch lief sie am Bild vorbei in die Küche.

«Ich mach schon mal Kaffee, die Mädels kommen gleich mit Kuchen, und Laura bringt ihren neuen Freund mit.»

«Aha», grinste Sascha. Er war sehr gespannt, wann seine Verhüllungsaktion auffliegen würde. So ähnlich musste sich Christo oft gefühlt haben. Da stürmten die Freundinnen auch schon in die Wohnung, und Lauras neuer Freund Benedikt blieb sprachlos vor dem Bild stehen. Die anderen aber kommentierten sofort fröhlich drauflos.

Laura: «Lustig, geil, wessen Idee war das denn?»

Tina: «Das ist gekauft, oder? Echt super. Aber woher habt ihr das?»

«Wir, na ja, wir haben das ...», wollte Sascha gerade loslegen, da kam Jennifer und blickte erschrocken auf das Bild: «AH! Was'n hier los?»

Nur die offenkundige Zustimmung ihrer Freundinnen hinderte sie daran, ihren Freund zu massakrieren.

Laura: «Das ist echt mal so richtig originell.»

Sascha grinste Jennifer an, die langsam vom grimmigen Grinsen ins Lächeln wechselte.

Tina: «Woher habt ihr das? Sag mal, Jenny.»

«Ja, das haben wir, äh, wo haben wir das noch mal gekauft, Sascha-Schatz?»

«Das ist eine Spezialanfertigung von Tim Dingens da bei Dingens ...»

Gott sei Dank legte da endlich Benedikt los: «Es ist groß, ganz groß ist das. Ich weiß, was es meint. Es zeigt, wie Konsumgüterprodukte wie Hello Kitty den Blick auf die echte Kunst, den echten Menschen verdecken. Der Penis, das Symbol der Fruchtbarkeit und Manneskraft, wird mädchenhaft verhüllt. Der biblische David, der mit der Steinschleuder den Riesen Goliath erschlug, wird durch Markenkonsumartikel lächerlich und wehrlos gemacht und entstellt. Der Konsumwahn ist die eigentliche Schamlosigkeit. Richtig?»

Jennifer: «Äh ...»

Laura: «Äh ...»

Tina: «Äh ...»

Sascha: «Haargenau!»

Und so hat ein Kompromiss auch diesen Tag gerettet und uns noch eine Einsicht beschert: Ein Kompromiss kann manchmal etwas völlig Neues hervorbringen. Ein Kompromiss kann Kunst sein. Über Geschmack lässt sich ja prima streiten, und da stellt sich die Frage, welche anderen Kompromisse kann man noch eingehen? Wenn Sie, liebe Leser, sich mit Ihrem Partner nicht über die Kunst in der Wohnung einigen können, dann beauftragen Sie doch einfach einen Dings, na, Dingens, eben einen wie Saschas Freund Tim.

Hier ein paar Vorschläge für Kompromisse:

Sie will die Mona Lisa, er möchte das berühmte Bauarbeiterbild über New York. Dann setzen Sie die Mona Lisa doch einfach zwischen die Bauarbeiter.

Er will den Schrei von Munch, sie das Heilige Abendmahl? Na also, prima, der Schreihals neben Jesus, das ist ein kunstvoller Anachronismus mit viel Raum für Interpretation.

Sie will die Geburt der Venus von Botticelli, er möchte ein Bild von Charlie Chaplin. Also bitte, Chaplin als Venus ist doch allemal kleidsam, oder? Oder statt Chaplin der Hase von Dürer? Der Kompromiss-Kreativität sind da keine Grenzen gesetzt.

Intime Bilder

Wir haben uns noch einmal mit der von Jennifer aufgeworfenen These beschäftigt, dass nicht Frauen Penisneid entwickeln, sondern Männer. Wir sind zu folgendem Ergebnis gekommen:

Penisneid bei Frauen und Männern

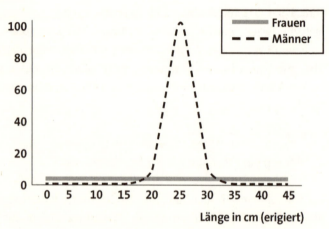

Analyse:

Unsere interne Umfrage hier hat gezeigt: Frauen beneiden den Mann ausschließlich um seinen Penis, weil er damit sehr flexibel Toilettenplätze aufsuchen kann. Dabei spielt die Größe allerdings eine marginale Rolle. Ansonsten möchten Frauen ungern, Zitat: «So ein Ding zwischen den Beinen rumflattern haben».

Männer beneiden andere Männer ab dem Durchschnittswert von knapp 15 Zentimetern um deren größeren Penis. Der Wert erreicht seinen Höhepunkt aber schon bei 25 Zentimetern. Ein größerer Penis ist offenbar sowohl gesundheitlich (starke Blutdruckschwankungen) als auch in der täglichen Praxis (Kleidung etc.) für kaum einen Mann wünschenswert.

Sigmund Freuds These, die Frauen würden die Männer um ihren Penis beneiden, wird durch diese Daten doch sehr stark in Frage gestellt.

Intime Bilder

Männer verschenken keine Blumen

Warum schenken Männer Frauen Blumen? So ganz genau lässt sich das historisch nicht klären. Die alten Ägypter sollen die Blumen zunächst nur als Grabschmuck verwendet haben. Schnittblumen waren für sie ein Zeichen der Vergänglichkeit, sie welken und sterben, so wie der Mensch. Später in der griechischen Antike sollen die Männer den Frauen die Blumen dann schon zu Lebzeiten geschenkt haben, um ihre Gunst zu erhalten. Irgendwann dazwischen muss also ein Mann gedanklich die Brücke geschlagen haben zwischen der Vergänglichkeit und seiner Frau. Vielleicht hat er sich gedacht: «Meine Olle macht's eh nicht mehr lang, da nehme ich lieber schon mal ein paar Blumen mit», und überreichte der Liebsten einen Strauß als vorweggenommenen Grabschmuck. Die Frau machte es dann aber doch länger als gedacht. Sogar länger als der Mann. Das sprach sich schnell herum, und schon wollten alle Frauen Blumen geschenkt bekommen. So oder so ähnlich wird's wohl gewesen sein.

Robin hat noch eine andere Theorie. Er glaubt, die Steinzeitmenschen brachten den Frauen nach erfolgloser Jagd Blumen mit, um sie abzulenken.

«Wo ist der Hase?»

«Äh, guck mal hier, Blumen!»

«Oh, super, danke.»

Umgekehrt würde diese Ablenkung heute wohl kaum funktionieren. Egal wie hübsch man einen überfahrenen Hasen von der Autobahn in der Vase drapieren würde, die Freude wäre vermutlich nicht dieselbe.

«Und was bekommen Männer geschenkt?», fragt Robin. «Nichts! Gar nichts! Warum soll ich also meiner Frau Blumen schenken? Es gibt keinen Grund.»

«Doch den gibt es», antwortet Petra immer wieder auf diese Frage, «weil ich mich darüber freue, fertig. Mehr musst du nicht wissen, das reicht doch wohl, oder? Frauen freuen sich über ein kleines Ich-liebe-Dich und einen Strauß Blumen. Die Typen fliegen auf den Mond, aber das verstehen sie nicht.»

Robin lässt das kalt: «Ich sage dir, der Valentinstag ist der große Sterbetag der Blumen. Es ist ein Gemetzel. Millionen Blumen werden hingerichtet. Und wofür? Und ausgerechnet Rosen wollen Frauen haben. Die Blüten welken, die Blätter welken, alles stirbt, und übrig bleiben nur die Stacheln. Wie in der Liebe. Ich werde dir keine Blumen schenken, fertig.»

Petra ist sauer: «So ein störrisches Rindvieh wie der Robin, den muss man schon mit einem elektrischen Viehtreiber zum Floristen treiben, damit ich mal Blumen bekomme. Es sei denn, das Rindvieh geht nicht zum Floristen, sondern …

Der Trick: Der verliebte Angestellte
Von Petra, 37, für ihren Mann Robin, 38

… der Florist kommt zu ihm.» Genau das war ihr Plan. Petra wollte ihrem Mann so oft Blumen ins Büro schicken, bis dieser irgendwann genervt aufgeben und auch ihr Blumen schenken würde. «Das ist doch nun wirklich ein unschuldiger Trick», meinte Petra. «Ich darf doch wohl meinem Liebsten einen Strauß Blumen schicken und ihm sagen, dass ich ihn liebe? Wo kommen wir denn hin, wenn so etwas nicht mehr geht?»

Tja, Petra, wo wir da hinkommen, werden wir jetzt sehen.

Als der Blumenbote des Floristen mit dem dicken Strauß roter Rosen, kleinen Gerberas und einer Grußkarte (Petras Lieblingsstrauß für schlappe 59 Euro!) bei dem Mittelstandsbetrieb ankam, in dem Robin arbeitet, wurde er vom Empfang in Robins Abteilung geschickt. Robin sei nicht am Platz, hieß es dort, er müsse aber gleich kommen. Also wartete der Blumenbote auf dem Gang vor Robins Büro und wurde von dessen Kollegen und vor allem Kolleginnen neugierig beäugt. «Na, wer bekommt denn da Blumen?» – «Und vor allem von wem?» Wenn kein Geburtstag, kein Abschied und nichts anderes ansteht, fördert so ein Strauß die Phantasie.

«Für mich? Das muss ein Versehen sein», meinte Robin, als er auf den Boten traf. Dieser schaute auf das Schild an Robins Bürotür und meinte: «Nein, das stimmt schon, der ist für Sie.» Robin bestätigte den Empfang und war erst mal baff. Auf der beigefügten Karte stand: «Für meinen Schatz, ich liebe dich!»

«Hääääää?» Wir hätten die Äs noch bis auf die nächste Seite ziehen können. Mit einem riesigen Fragezeichen im Kopf schaute Robin immer wieder auf die Karte, dann auf den Strauß und dann auf seine Uhr: «Scheiße, ich muss los, das Meeting!», und weg war er. Wer sich in mittelständischen Unternehmen, oder sagen wir in Büros generell, auch nur etwas auskennt, weiß, was es bedeutet, einen Blumenstrauß und eine geöffnete Grußkarte einladend auf einem Schreibtisch liegenzulassen. Robin kehrte nach ein paar Sekunden zurück, er hatte seine Unterlagen vergessen, und versteckte jetzt den Strauß hinter dem Schreibtisch und die Karte in der Schublade. Als er nach einer Stunde aus dem Meeting kam, traf er einige Kollegen auf dem Flur. Und die waren anders als sonst.

«Hey, hey, Robin, naaaa?», zwinkerte ihm Herr Linde zu.

«Mahlzeit, Mahlzeit, Mahlzeit», kam ihm ein strahlender Herr Sumroth entgegen.

«Guten Tag», entgegnete ihm kurz und streng die ansonsten stets freundliche und redefreudige Frau Miersbach.

«Was ist denn mit denen los?», fragte sich Robin. Als er in seinem Büro wieder auf den Strauß blickte, wurde es ihm klar. Irgendjemand musste in den paar Sekunden, in denen alles offen auf dem Schreibtisch gelegen hatte, die Karte gelesen haben. «Für meinen Schatz, ich liebe dich!» Ein Spruch, aus dem nicht hervorging, dass er von seiner Frau stammte. Denn das war ihm inzwischen im Meeting klargeworden.

«Na? Wer ist denn deine Verehrerin, Robin?» Sein Kollege Sören betrat das Büro.

«Hör bloß auf, das ist meine Frau.»

«Na klar, verarschen kann ich mich alleine. Jetzt echt?»

«Ja! Muss ich jetzt etwa allen eine Rundmail schreiben?»

«Würde ich machen. Bei den Frauen bist du nämlich schon unten durch, weil die denken, dass du fremdgehst.»

«Ach du Scheiße, deswegen hat mich die Miersbach auch so komisch angeguckt.»

Privatsphäre hin oder her. Tatsächlich musste Robin, so viel wusste er über seine Firma, mit allen Frauen sprechen, um dieses Missverständnis aus der Welt zu schaffen. Und so erklärte er mit allerlei gespieltem Lachen, was für eine tolle Frau er habe, die ihm solche lustigen Streiche spiele. «Lustig und ein bisschen verrückt, hach, ich liebe sie.» Entsprechend fröhlich kam er dann auch abends zu Hause an.

Aber jetzt wird es wirklich lustig. Petra entschuldigte sich zwar für die ungeplanten Unannehmlichkeiten, nur das reichte Robin nicht. Um sich zu rächen, schickte er ihr ebenfalls einen großen Strauß roter Rosen ins Büro. Damit du mal siehst, wie das ist, wenn sich alle das Maul zerreißen. Auf der Grußkarte stand: «Von deinem unbekannten Geliebten. Danke für die letzte Nacht.» Wir glauben, Robin ist der Unterschied zwischen Mann und Frau in der Gesellschaft nicht ganz klar. Denn als der Strauß bei Petra ankam, zeigte sie allen sofort die Karte, und alle waren total neidisch. «Von meinem Mann, hier, lest mal.» – «Wow, der unbekannte Geliebte? Danke für die letzte Nacht? Geil, das muss echte Liebe sein. Meinen Mann kriege ich nie dazu, mir Blumen zu schenken.»

«Hm, jaaa», meinte Petra, «es gibt da so einen Trick. Aber der ist nicht ganz ungefährlich ...»

Wann Männer Blumen schenken:

Die Frage aller Fragen

«Willst du mich heiraten?», lautet die Frage aller Fragen. «Wollen Sie diese Frau heiraten?», schließt sich als nächste Frage aller Fragen im Standesamt an. «Finden Sie Ihre Frau zu dick?», müsste wie selbstverständlich die darauffolgende Frage aller Fragen vom Standesbeamten lauten. Und wenn der Bräutigam diese Frage mit einem deutlichen «Nein!» beantwortet, ist die Sache damit ein für alle Mal vom Tisch. Nie wieder darf die Frau fragen: «Schatz, findest du mich zu dick?» Nie wieder! Nie wieder soll sich ein Mann fühlen wie eine unschuldige Geisel, der ein mit Drogen vollgepumpter Psychopath eine Pistole in die Nase bohrt. Nie wieder soll ein Mann denken müssen: Egal, was ich jetzt sage, es kann mich mein Leben kosten.

Doch bis es so weit ist, leidet Erik, der vor achtzehn Jahren seine Katja geheiratet hat, die immer noch «super gut in Schuss» ist, wie er stolz sagt, jedes Mal aufs Neue, wenn sie fragt:

«Findste nicht, dass der Rock vorn meinen Bauch hervorhebt?»

«Ach, du ... hervorheben? Ist das gut? Nein? Nicht gut? Äh ... was für ein Bauch?»

Sehr gut, Erik, denn hättest du «Nein» gesagt, wäre ja ein Bauch möglich.

«Guck mal, meinste nicht, in dieser Jeans ist mein Arsch breiter als in der anderen?»

«Breiter als in ... würde das nicht heißen, dass er generell, äh ... in beiden schlank.»

Wieder gut gemacht, Erik, das war die einzig korrekte Antwort.

«Aus den Stiefeln quellen doch meine Waden raus, oder?»

«Nein, überhaupt nicht, da quillt nirgends was raus.»

Oh, Oh, Erik.

«Du meinst, sie sind zu dünn?»

Siehste!

«Ich meine was? Dünn? Nein, sie sind genauuu richtig!»

Puh, gerade noch mal gutgegangen.

«Hier, guck, meine Oberarme wabbeln. Liegt das an der Bluse oder an mir?»

«Ähh, deine Oberarme wabbeln nicht, das liegt an der Bluse. Böse Bluse!»

Top in Form der Mann!

«Guck mal, meine Knie wabbeln auch schon?»

«Deine Knie? Quatsch!»

Das war einfach.

«Am besten, ich laufe gleich in einer Burka rum!»

«Nein, das steht dir nicht!»

Gut gemacht.

«Ach, meinste steht mir nicht? Noch nicht mal das steht mir? Meinste das?»

Das konnte wirklich niemand ahnen. Armer Erik.

«Äh, Katja, ging da nicht gerade das Telefon? Ich muss weg!»

Sehr gut, Erik, ein geschickter Rückzug ist auf dem Schlachtfeld der Liebe immer eine gute Strategie.

Aber die quälende Fragerunde war noch nicht zu Ende. Als Erik kein vorgetäuschtes Telefonat mehr retten konnte, fragte Katja weiter und weiter, und Erik fühlte, wie sich die Pistole tiefer und tiefer in seine Nase bohrte.

Warum kann ein liebender Mann nicht einfach sagen: «Mäuschen, du passt da nicht rein, dein Pöter ist so riesig, der braucht 'ne eigene Autobahnausfahrt»? Warum nicht voller Zärtlichkeit die Vermutung äußern: «Häschen, ich glaube wir wohnen nicht am Arsch der Welt, nein, dein Arsch *ist* der Arsch der Welt»? Warum nicht in tiefer Zuneigung erklären: «Kätzchen, ich weiß, wie wir an mehr Geld kommen, steck dir 'ne Taschenlampe in den Hintern und mach Urlaubsvertretung für den Mond»? Ist das in einem echten Liebesverhältnis nicht möglich? Nein, ist es nicht. Auch wenn Männer ihre Frauen lieben, wie sie sind, werden sie mit diesen Fragen weiter gelöchert. Aber das muss sich doch irgendwie ändern lassen, Erik, oder?

Der Trick: Schwer verliebt!
Von Erik, 49, für seine Frau Katja, 45

Eines Morgens, als Katja sich auf den Weg zur Arbeit machte, half Erik ihr gentlemangleich in den Mantel, nur um ihr unbemerkt dieses Papierschild auf den Rücken kleben zu können:

Zum Abschied winkte er ihr aus dem Fenster freundlich nach und lachte sich eins, als er sah, wie die ersten Passanten belustigt auf das Schild deuteten. Katja wunderte sich nicht über die Passanten. In der Stadt laufen genug Verrückte herum, die sinnloses Zeug vor sich hin stammeln, grundlos gestikulieren oder kichern. Erst als sie kurz vorm Büro aus der Straßenbahn stieg und ein älterer Herr zu ihr sagte «Watt steht da? Rasierabstand? Nee, Rangierabstand. Na so fett sind Se och nich, Fräulein», entdeckte sie den Zettel. «Erik, du kleiner Schweinehund», zischte Katja, während sie ungläubig auf den Zettel tippte. Vorbeigehende Passanten wandten sich kopfschüttelnd ab und dachten: In der Stadt laufen wirklich nur Verrückte herum. Dann kicherte Katja den ganzen Weg und kam gutgelaunt im Büro an. Sogleich heftete sie den Zettel an den Mantel ihrer Kollegin Laura. Die fragt auch andauernd: «Findste nicht, dass ich in der Hose zu dick bin?»

Wieder zu Hause, spielte Katja die Empörte: «So, so, du hast mir also diesen doofen Zettel auf den Rücken geklebt, das findest du wohl lustig?»

«Jaha», grinste Erik.

«Da hab ich aber noch eine Frage an dich», sagte Katja.

«Welche?»

«Guck mal meine Finger, findeste die nicht zu dick?»

«AHHHH! NEIN! ERBARMEN!»

Wenn Sie, liebe Leserin, irgendwann einmal einen solchen Zettel auf Ihrem Mantel finden, dann wissen Sie ja, woher er kommt. Entweder von Ihrem Mann, der heimlich dieses Buch studiert hat, oder Sie haben ihn von Emma, der Freundin von der Freundin von der Freundin von Laura. Egal woher, kleben Sie den Zettel einfach der nächsten Frau auf den Rücken. Es trifft immer die richtige – eine Frau, die sich zu dick findet.

Späte Lust

Was ist der Unterschied zwischen Männern und Frauen? Wenn Männer zugelegt haben und eine Hose anprobieren, sagen Frauen ihnen unverblümt ins Gesicht: «Du bist zu dick für die Hose, Georg! – Nein, nicht die *Hose* macht einen dicken Bauch. Du *hast* einen dicken Bauch. Ei-nen di-cken B a u c h ! Nein, Georg, nicht der Stoff trägt auf, dein Bauch trägt auf. Er ist einfach viel zu dick. Hose schlank! Du dick! Das passt nicht! Verstehst du? Ja? Na endlich.»

Georgs Frau Hera nervt vor allem, wenn Georg so tut, als hätte er noch seine alte Hosengröße, indem er den Bund so tief unter den Bauch schiebt, dass er den Gürtel fast auf Kniehöhe schließen muss. Als Hera ihn kennenlernte, war Georg noch nicht so dick. Sein Kühlschrank war leer. Darin lagen nur zwei Flyer, einer vom Grillimbiss und einer von der Pizzeria. Heute ist der Kühlschrank von Hera und Georg immer gut gefüllt. Und Georg schleicht nachts aus dem Bett und stopft alles in sich hinein.

Trifft hier der alte Witz zu: «Warum sind Junggesellen mager und Ehemänner dick? Der Junggeselle schaut in den Kühlschrank, findet dort nichts Besonderes und geht ins Bett. Der Ehemann schaut ins Bett, findet dort nichts Besonderes und geht an den Kühlschrank»?

Aber das Schlimmste für Hera ist nicht, dass Georg nachts an den Kühlschrank geht, das Schlimmste ist, dass Georg seine nächtlichen Fressattacken leugnet. «Ich war nicht am Kühlschrank, ich war nur zur Toilette.» – «Dann müsste er ja leichter ins Bett zurückkommen, als er gegangen ist», meint Hera. «Aber ich spüre doch, dass er schwerer wieder zurückkommt. Nach all den Jahren spürt eine Frau so etwas. Aber na ja, ich werde ihn schon von seiner Fresssucht heilen.»

Der Trick: Das Auge isst nicht mit

Von Hera, 42, für ihren Mann Georg, 52

Heras Schwester betreibt einen Shop für allerlei Karnevals- und Spaßartikel. Als Hera bei ihr durch die Halloween-Abteilung schlenderte, entdeckte sie einen abgehackten Arm. «Sieht lecker aus, oder?», meinte ihre Schwester. «Lecker?», überlegte Hera, und sofort schoss ihr diese unausweichliche Assoziation in den Kopf: Essen – Georg. «Den Arm leihe ich mir mal aus.»

Als Georg schon im Bett lag, legte sie den abgehackten Arm zwischen Wurst- und Käseplatte. Als wäre es ihre Berufung, abgehackte Arme in Kühlschränke zu legen, ging Hera seelenruhig zurück ins Bett und schlief ein. Kurze Zeit später wurde sie von lautem Geschrei geweckt. «Ahhhhh, was ist das? Iiiiiih!» Da Hera nicht annahm, dass ihr Mann auf der Toilette beim Anblick seines besten Stückes diese Frage stellte, marschierte sie sofort mit einem Siegerlächeln in die Küche: «Aha! Und ich dachte, du gehst nicht zum Kühlschrank.»

«Äh … nein, tu ich auch nicht. Da ist ein Arm im Kühlschrank, ist aber doch nicht echt.»

«Ich weiß, dass da ein unechter Arm drin liegt. Den hätte ich vorm Frühstück wieder rausgenommen. Der liegt nur nachts dadrin, wenn du *nicht* zum Kühlschrank gehst.»

«Aber ich bin doch zum Kühlschrank gegangen!»

«AHA! Du gibst es zu!»

«Ja, das ist mir wohl irgendwie passiert.»

«Ach, das ist dir passiert? Hat dich dein Bauch dahingezogen, und du warst machtlos?»

«Jaja, so war's.»

«Du Witzbold. Und du erzählst mir, du wüsstest nicht, warum du nicht abnimmst? Soll ich dir sagen, warum nicht?»

«Nee, ich glaube, da komm ich jetzt schon selber drauf.»

«Na, dann ist ja gut.»

Georg hat danach ohne nächtliche Fressattacken in sechs Wochen immerhin drei Kilo abgenommen. Wahrscheinlich aber auch aus Angst, dass seine verrückte Frau irgendwann mit einem nachgebildeten Arm nicht mehr zufrieden sein könnte und seinen nimmt. Abnehmen würde er dann ja auch.

Männermode

Es gibt modebewusste Männer, die viel Geld für Kleidung und Styling ausgeben und keinen Trend verpassen. Und es gibt Männer, die nennen es Styling, wenn sie einen Deostick benutzen. Ihre Kleidung würden sie auch noch mit 50 lieber vom großen Bruder auftragen, als jedes Jahr Shoppen zu gehen. Frauen bewahren vielleicht ihr Hochzeitskleid auf, diese Männer bewahren ihre ganze Garderobe auf. Für ihre Enkel? Nein, für die Ewigkeit.

«Hey, du hast ja voll den modernen Retrostyle, ist das aus den Neunzigern?»

«Ja, ist es. Aber was ist ein Retrostyle?», würde Robert wohl antworten, der, wie Thea es beschreibt, aussieht, «als würde er bei der Modekette Caritas einkaufen».

«Das Teil ist alt und verschlissen», ärgert sie sich über Roberts Poloshirt.

«Ach, das geht noch, ist ja nicht kaputt. Und es passt noch.»

«Es passt noch?», fragt Thea verblüfft. An dieser Bemerkung sieht man ihrer Meinung nach am deutlichsten, dass bei Robert die Kurzsichtigkeit hart und unerbittlich zugeschlagen hat. Denn das Shirt spannt dermaßen über Roberts Bauch, dass die Hoffnung seiner Bauchnabelbehaarung nicht unbegründet ist, irgendwann ins Freie blicken zu können. Oben sieht das Shirt nicht besser aus. Der Kragen ist ungefähr so dicht verwoben wie der Vollbart eines Fünfzehnjährigen. Und die Farbe war mal leuchtend gelb. Aber gegen den heutigen Zustand würde ein mehliges Biskuitbodengelb als Signalfarbe durchgehen. Kurz, eine einzige Problemzone. Thea weiß, dass sie mit Reden nicht weiterkommt. Sie ist aber nicht länger bereit, dieses optische Verbrechen gegen die Menschlichkeit zu ertragen.

Der Trick: Du kriegst die Motten

Von Thea, 48, für ihren Mann Robert, 50

Es heißt, die Welt teile sich in Menschen, die Hunde lieben, und Menschen, die Hunde hassen. Sie teilt sich aber wohl nicht in Menschen, die Motten lieben, und Menschen, die Motten hassen. Tiere, die einem die Kleidung wegfressen, bekommen grundsätzlich keine Sympathie. Selbst eingefleischten Stripteasefans wäre diese Art der naturgemäßen Entkleidung wohl zu langsam und nur ein geringschätziges Gähnen wert. Denn wer auf Kleidungwegfressen zur Erotiksteigerung steht, kriegt keine Motten, sondern essbare Unterwäsche von seinem Liebsten geschenkt. Motten sind also total unbeliebt? Denkste. Einen Mottenfan gibt es auf der Welt: Thea. Wenn auch nur, um die kleinen Klamottenfresser als Sündenböcke zu missbrauchen.

Thea schnappte sich das blassbiskuitgelbe Poloshirt von Robert und schnippelte mit einer spitzen Schere klitzekleine, mottenähnliche Löcher hinein. Täuschend echt. Und damit die Tat nicht auffiel, bearbeitete sie auch noch ihr altes T-Shirt, das sie ohnehin wegwerfen wollte. «Jeder würde sofort auf Motten schließen», dachte Thea, «selbst der dümmste Tatortkommissar würde schon um 20.16 Uhr verkünden: ‹Herr Schmidt, die Löcher in ihrem Poloshirt, das waren die Motten. Wir haben die Täter.› Abspann. Ende.»

Klappte das tatsächlich so leicht? Und ob. Mit trauernder Miene zeigte Thea die beiden Kleidungsstücke ihrem Robert: «Guck mal, was die Motten gemacht haben.»

«Mist, das gute Shirt.»

Bei dieser Bemerkung musste sich Thea wirklich zusammenreißen.

«Aber hattest du nicht Lavendel in den Schrank gelegt?»

«Ja, aber vielleicht sind die ja inzwischen resistent gegen so was, weißt du, wie manche Viren gegen Antibiotikum, das gibt's.»

Blöder Vergleich? Dämliche Ausrede? Ja, natürlich. Aber, liebe Leser, wenn Sie sich jetzt mal die Zeitung schnappen und gucken, wie oft da jemand mit einem blöden Vergleich und einer dämlichen Ausrede prima davonkommt, müssen wir uns nicht wundern, dass es Thea auch gelang. Sie kam damit «astreinsupidupi» durch, wie sie sagte. Kein Streit, kein Ärger, kein Stress. Nur ein nicht ganz legaler Beziehungstrick und ein ganz kleines, wirklich winzig kleines schlechtes Gewissen, das aber herrlich überstrahlt wurde von einer lächelnden Thea und einem neu gekauften sonniggelben Poloshirt für Robert. Zwei Nummern größer.

Er wollte niemals auseinandergeh'n

Was ist besser als Sex? Diese Frage beantworten beide Geschlechter in den üblichen Umfragen unterschiedlich. Für knapp ein Drittel der Frauen soll es tatsächlich besser als Sex sein, wieder in die alte Hose zu passen, die ihnen zu eng geworden ist. Aha! Da fragen wir uns: Mit wem konkurriert diese alte Hose? Mit toptalentierten, topausgebildeten knackig erotischen Männern, denen es schneller gelingt, eine Frau in jubelnde Ekstase zu versetzen, als diese «Oh mein Gott!» rufen kann? Oder mit Männern, deren sexuelle Fähigkeiten wir unter der Überschrift zusammenführen könnten: «Fachkräftemangel in Deutschland»?

Und was ist laut Umfrage für Männer besser als Sex?

«Ein gutes Steak, ein Endspielsieg vom Lieblingsclub, ein kühles Bier an einem heißen Tag.»

Aha! Es ist nicht gerade überraschend, dass «Ich passe wieder in meine alte Hose» nicht dazugehört.

Für Andreas zählt Letzteres auch nicht dazu. Ihm wäre es sogar egal, ob er noch in die Hose von letzter Woche passen würde. Aber seiner Frau Silke nicht. Ihr wäre es, was die sexuelle Attraktivität ihres Mannes angeht, sehr lieb, wenn er noch in seine alte Hose passen würde. Leider passt er im Moment kaum noch in seine aktuelle.

«Andreas, deine Hose spannt vorn, und die spannt hinten.»

«Ich bin eben ein spannender Typ.»

«Ja, und ich bin gespannt, wann dein Hosenknopf vorne wegplatzt. Und jetzt fährst du auch noch mit deinem Bruder und den Jungs in den Saufurlaub.»

«Skiurlaub.»

«Sag ich doch. Wenn du zurückkommst, wette ich, dass du den oberen Hosenknopf nicht mehr zukriegst, Fetti.»

«Top! Die Wette gilt! ... Was hast du gesagt?»

Besser als Sex: Ein kaltes Bier in einer warmen Skihütte? Und tatsächlich, nach seinem zweiwöchigen Bierkoitus hatte Andreas so zugenommen, dass er den oberen Hosenknopf nicht mehr zubekam. Was nun? Was sollte er seiner Frau sagen? Du hattest recht? Niemals!

Der Trick: Großer Bruder, der Hosenkavalier
Von Andreas, 38, für seine Frau Silke, 36

«Ich kann so nicht nach Hause gehen. Dann hat Silke recht, und ich kann mir das Genörgel so lange anhören, bis ich wieder in meine alte Jeans passe», meinte Andreas zu seinem drei Jahre älteren Bruder Alexander.

«Du kannst ja so lange bei uns wohnen, bis du die Kilos runter hast und wieder in deine 501 passt.»

«Ja, na klar, mit *dir* abnehmen. Du siehst auch nicht gerade nach Schlankheitswahn aus.»

«Ja, aber guck mich an», Alexander drehte sich vor Andreas wie ein Model. Das heißt, er versuchte, sich wie ein Model zu drehen. In dem engen Skihüttenzimmer sah er eher aus wie ein 37-Tonner, der versucht, auf einem Parkplatz für Kleinwagen zu drehen. «Immerhin passe ich noch in meine 501. Und die haben wir zusammen im Netz bestellt.»

«Ja, ich weiß. Die sieht genauso aus wie meine. Aber du bist doch nun wirklich nicht schlanker als ich.»

«Nein, aber ich trage nur eine Nummer größer.»

«Ach ja ...» Und da blitzten die Augen von Andreas auf.

Am nächsten Tag betrat Andreas in der Hose seines Bruders selbstbewusst die Wohnung und wurde sofort von Silke gemustert. «Na? Wieder zurück? Was macht dein Hosenknopf?» Andreas fasste mit der Hand zwischen Hosenbund und Bauch und konnte tatsächlich, das gelang ihm schon lange nicht mehr, eine nicht von Druckstellen gerötete Hand wieder hervorziehen. «Meine Güte», jubelte Silke, «du hast abgenommen! Wahnsinn! Wart ihr so oft draußen Skifahren?»

Da begriff Andreas, dass man, um eine solche Lüge aufrechtzuerhalten, ein ganzes Leben lang weiterlügen müsste. Unmöglich, so ein Typ bin ich nun wirklich nicht, dachte er und sagte: «Jaha, den ganzen Tag Ski fahren, Sport, Sport, Sport, und dann müde ins Bett.»

«Ach, kein Bier? Hör auf.»

«Doch, klar, aber wir waren abends so müde, dass wir immer nur eins geschafft haben.»

«Ganz ehrlich, Andischatz, das hätte ich nicht gedacht.»

«Jahaha, ich auch nicht.»

Tsss, ganz ehrlich, Andischatz, wir auch nicht. Wie kann man nur so kaltschnäuzig lügen? Lügen, um recht zu behalten? Und was sollen wir jetzt mit dieser Geschichte anfangen, Andischatz? Nicht alle Leser haben einen älteren Bruder oder eine ältere Schwester mit entsprechender Kleidergröße, die dann auch noch die gleiche Kleidung trägt, ähnlich oft gewaschen, also ähnlich abgenutzt. Wie bitte, Andischatz? Dann sollen wir uns eben jede Hose zweimal kaufen? Und eine Hose immer eine Nummer größer? Und diese sollen wir dann jedes Mal mitwaschen? Und dann, ja dann könnten wir diese Hose anziehen und alle mit der blitzartigen Hosendiät in Erstaunen versetzen? Ja, Andischatz? Das ist dein Vorschlag? Gut, das hört sich sehr vernünftig an. Und Hosendiät klingt auch viel besser als Bewegung und Ernährungsumstellung. Also, abgemacht, wir machen das.

Nachtrag:

Andreas musste diese Hose ja so lange tragen, bis er wieder abgenommen hatte. Und da Abnehmen nicht seine Lieblingsbeschäftigung ist, sondern Essen und Biertrinken – ja, dieser Bierfixierte hatte tatsächlich einmal auf Silkes Zeitschrift geschaut und gedacht, sie würde nicht die *Brigitte*, sondern die *Biergitte* lesen, also eine Bierzeitschrift für Frauen –, hatte er irgendwann Mühe zu erklären, warum er ständig dieselbe Hose trug.

«Na, jetzt willst du mir deinen Sieg aber jeden Tag vorführen, oder? Du und deine Hose. Du trägst ja keine andere mehr.»

«Ach, die Hose? Ist mir gar nicht aufgefallen. Gewohnheit.»

«Du solltest die aber mal waschen, die riecht schon.»

«Ja, mache ich dann selbst morgen.»

«Du selbst? Du willst die Wäsche waschen? Hm …»

Silke wurde misstrauisch und blickte abends, als Andreas die Jeans gegen seinen Pyjama eingetauscht hatte, aufs Größenetikett. «HA! Du hast doch zugenommen! Ich hab's ja gewusst! Du hast mich angelogen!»

«Nein, hab ich nicht, ich hab dir nur nicht die Wahrheit gesagt.»

Schade um die schöne Scheindiät. Aber ging das nicht erstaunlich lange gut? Für uns kaum zu glauben, wie gutgläubig Silke war. Ein gutgläubiges Schaf. Und Andreas? Warum denkt er nicht an das Etikett? Er war ein Esel. Ja, und jetzt wissen wir auch, warum im Wort «Gesellschaft» beide Worte – Esel und Schaf – ihren Platz haben. Was uns zu einer neuen Definition bringt: Eine Gesellschaft besteht zumeist aus Männern und Frauen, in deren Beziehung ein Mann sich manchmal wie ein Esel und eine Frau sich manchmal wie ein Schaf verhält. ·

Der neue Kühlschrank

Wer in der Familie entscheidet, was eine sinnvolle Anschaffung ist? «Immer der, der die meiste Kohle nach Hause bringt», meint Cornelia, «und das ist bei uns mein Göga.» *(Anmerkung: Göga ist ihr Kürzel für Göttergatte.)* «Seit sechs Jahren will ich einen neuen Kühlschrank haben. Ich rede ja nicht von einer Smaragdkette, wohlgemerkt. Ich will nur einen großen Kühlschrank, in den ich für uns vier auch mal die Reste vom Essen reinstellen kann oder eine Schüssel Salat oder so. Aber nein, wir haben immer noch den aus seiner Singlezeit. Und sein Argument ist: ‹Ich möchte keine unnötigen Veränderungen.› Nein, wenn sich was verändert, wird er unruhig.» Cornelia fragt sich, wie Männer wie ihr Göga Eddi mit dieser Nur-keine-Veränderungen-Einstellung überhaupt ihren Job erledigen können. «Die würden mit dieser Einstellung doch noch nicht mal einen Job bekommen.» Vielleicht doch, Cornelia, es kommt ja immer auf den Chef an.

Chef: «Wie stellen Sie sich einen idealen Arbeitsplatz vor?»

Eddi: «Ich stelle mir ungern etwas vor. Ich nehme das, was da ist.»

Chef: «Was war die größte Herausforderung Ihres Lebens?»

Eddi: «Ich mag keine Herausforderungen.»

Chef: «Was haben Sie in den letzten drei Jahren getan?»

Eddi: «Ich habe viel dafür gearbeitet, dass sich nicht viel verändert.»

Chef: «Was sind Ihre Stärken?»

Eddi: «Die gleichen wie immer.»

Chef: «Und was sind Ihre Schwächen?»

Eddi: «Auch die gleichen. Keine Veränderungen.»

Chef: «Wenn Sie bei einem Projekt etwas Neues ausprobieren würden und …»

Eddi: «Nein, lieber nicht, lieber nichts Neues. Was auch nur irgendwie halbwegs geht, soll man nicht ändern.»

Chef: «Wie reagieren Sie auf Kritik?»

Eddi: «Ich reagier nicht so gern.»

Chef: «Wo sehen Sie sich in fünf Jahren?»

Eddi: «Da wo ich jetzt auch bin.»

Chef: «Ausgezeichnet! Großartig! Bei Ihnen muss ich nicht um meinen Job fürchten, Sie haben die Stelle!»

Aber mit diesem Gedankenspiel hatte Cornelia noch keinen Kühlschrank. Sie war entschlossener als ihr Mann es je sein würde, sie wollte jetzt unbedingt eine Veränderung. Hätte Eddi gesagt: «Nur über meine Leiche», wäre ihre Antwort wohl gewesen: «Wenn du meinst.»

Der Trick: Von Grund auf verdorben
Von Cornelia, 38, für ihren Mann, Eddi, 40

Um ihren Mann mürbe zu machen, setzte Cornelia nicht auf eine Schocktherapie, sondern auf eine ausgeklügelte Langzeittherapie, an deren Ende sie entweder einen neuen Kühlschrank oder einen verhungerten bzw. vergifteten Mann haben würde.

Zunächst kochte sie mittags für sich und die Kinder leckeres Essen, das leicht verdirbt, wie zum Beispiel Fisch. Kam Eddi abends hungrig nach Hause und suchte in den Töpfen nach Essen, meinte sie entschuldigend: «Oh, den Fisch musste ich wegwerfen. Der hält sich bei dem warmen Wetter nicht ungekühlt. Und wir wollen doch nicht, dass du dich vergiftest, oder?»

Ein anderes Mal rief sie ihn bei der Arbeit an und erzählte ihm, wie gut ihr der Fleischsalat gelungen sei. Eddi freute sich den ganzen Tag auf ein leckeres Abendessen und blickte dann wieder enttäuscht in die leere Schüssel. «Schatz, wir haben den aufgegessen, der wird ja so leicht schlecht, und im Kühlschrank ist kein Platz.» Schließlich lief sie zur Hinterhältigkeitstopform auf: Sie kochte sein Leibgericht, Sauerbraten. Dann legte sie die Bratenstücke auf einen Teller und überspannte ihn mit einer Folie. Na und, denken Sie? So kann man das doch machen, wenn man Braten aufbewahrt. Ja, kann man. Aber man stellt den Teller dann üblicherweise nicht auf die Fensterbank in die pralle Sonne wie ein Schimmelgewächshaus. Nach ein paar Stunden war der Braten natürlich noch nicht verschimmelt, sah aber ungefähr so appetitlich aus wie etwas, das man um 4 Uhr nachts bei einer englischen Autobahnraststätte bekommt.

Und wer Eddis Gesicht gesehen hätte, als Cornelia die Folie vom Braten zog und ihm der kernige Duft in die Nase stieg, würde eine Ahnung davon bekommen, woher der Sauerbraten seinen Namen hat. «Bäh, wie riecht der denn? Was ist damit?»

«Ach, der riecht bei dem Wetter schon mal.»

«Kann man den denn trotzdem essen?»

«Klar.»

Gerade wollte sich Eddi etwas auffüllen, da schob Cornelia hinterher: «Wenn man das Risiko mag.»

«Was heißt das?»

«Nichts. Iss nur, iss, guten Appetit.»

Das sagte sie mit einem so teuflischen Grinsen, dass Eddi den Teller zur Seite schob. Er war bedient. Dabei kam der Höhepunkt doch noch, der Nachtisch. Sie wählte einen Nachtisch aus, dessen Konservierungseigenschaft nicht gerade der von Weltraumnahrung entspricht: Tiramisu. Schon die Sonnenbestrahlung war tödlich für die Konsistenz. Zur besseren Abschreckung pulte Cornelia noch etwas Schimmel vom Blauschimmelkäse und legte ihn darauf.

«Ist das Schimmel?»

«Ja, das ist Schimmel.»

«So schnell?»

«Ja. Aber iss nur, wenn du gerne Salmonellen und Streptokokken magst, hau rein!»

Und da passierte es. Keine vier Wochen nachdem Eddi seine Ich-will-keine-Veränderungen-Predigt gehalten hatte, platzte ihm der Kragen. Natürlich ganz vorsichtig.

«Morgen hole ich einen neuen Kühlschrank!»

«Morgen ist Sonntag.»

«Gut, dann übermorgen. Aber da muss ein ganzes Blech Tiramisu reinpassen.»

«Na, wenn du meinst, meinetwegen», spielte Cornelia die Uninteressierte. Und so, mit viel harter Arbeit, hatte sie ihn weichgeklopft. Eddi kaufte einen großen, einen sehr großen Kühlschrank. Der Haken? Sie muss jetzt ständig Sauerbraten und Tiramisu machen. Und das, obwohl das überhaupt nicht zusammenpasst. Aber einmal probiert, mag Eddi nun mal keine Veränderungen.

Bei dieser Geschichte hörten wir einige, die riefen: «Das ist doch antifeministisch, eine Frau kann sich ja wohl einen Kühlschrank kaufen, wann sie will. Das, was hier dargestellt wird, ist ja voll fünfziger Jahre. Das ist doch gar nicht wahr!» Doch, ist es. Und wir nehmen nicht nur ausgesuchte Tricks aus sogenannten modernen, diskursfreudigen aber dennoch harmonischen und total und völlig gleichberechtigten Beziehungen. Wir nehmen das, was uns erzählt wird. Fertig ist die Laube.

Bin ich schön?

Wenn Magnus (ja, so heißt er, sein Vater ist Lehrer, aber dafür kann er ja nichts) mit seiner Freundin Jana eine Talkshow guckt, bekommt er kaum etwas vom Inhalt mit. Denn Jana kommentiert nicht die Themen, sondern die Outfits. Selbst wenn sich die Kontrahenten gerade richtig fetzen, sagt Jana: «Was hat die denn für ein Jackett an? Das sieht voll billig aus, das sitzt überhaupt nicht. Und was ist das denn für ein Lippenstift, voll ungeil die Farbe ... nur die Haare sind gut.»

«Die ist total oberflächlich, die Jana!», könnte man da empört rufen. Und wenn wir «man» sagen, meinen wir den Vater von Magnus. Magnus verteidigt seine Freundin: «Sie ist ein Opfer unserer oberflächlichen Gesellschaft.» Magnus ist der Überzeugung, dass Aussehen relativ ist und ein gutes oder schlechtes Aussehen größtenteils davon abhängt, was oder wer in der Gesellschaft gerade angesagt ist, oder eben nicht. «Der Daniel Craig sieht nach Schema F eigentlich auch nicht schön aus, aber er ist James Bond, und schon ist er sexy.» Jana ist anderer Meinung: «Wer scheiße aussieht, sieht scheiße aus, da ist mir doch die Gesellschaft egal.»

Oberflächlich oder nicht, Magnus ist jedenfalls hin und weg von Jana. Und das, obwohl sie sein Aussehen auch schon kritisiert hat: «Du siehst schon okay aus, nicht wie ein Star oder Model oder so, jetzt kein Wow-Effekt, aber schon okay, also ... ey, guck nicht so ... ich meine das nett. Ja, du siehst nett aus.»

Nett? Nett? Magnus war gekränkt. Das könnte vielleicht bedeuten, dass auch er ein Opfer unserer oberflächlichen Gesellschaft ist. Denn was ist falsch an nettem Aussehen? Nicht wie ein Star oder Model auszusehen, fassen nicht unbedingt alle Menschen als Beleidigung auf. Und doch wurmte ihn dieser Satz ungeheuer. Und er fragte sich: Was kann man tun, um sich für seine Partnerin attraktiver zu machen? Friseur? Diät? Fitness? Ach was, Magnus hatte eine viel bessere Idee.

Der Trick: Ganz schööön ... hinterlistig
Von Magnus, 26, für seine Freundin Jana, 23

Magnus hatte im Fernsehen einen Bericht über Mädchen gesehen, die auf der Straße von Modelagenten angesprochen wurden. Manche von denen sahen aus wie Mauerblümchen, total unscheinbar, eben nett. Aber kaum waren sie geschminkt und zurechtgemacht, sahen sie aus wie echte Models. Und das Interessante: In den Augen ihrer Freunde und Bekannten stieg ihre Attraktivität dadurch ebenfalls sprunghaft an. «Das hätte ich nie gedacht, dass du so hübsch bist, du bist wirklich wunderhübsch.» Nur einige neidische, jetzt wohl ehemalige, Freundinnen gifteten: «Na echt, so gut sieht sie nun wirklich nicht aus.» Sonst zweifelte offenbar niemand an dem Urteil der Modelagenten. Am meisten beeindruckte Magnus, dass bei einem dieser Mädchen ein einziger Anruf einer Modelagentin genügte, damit alle total aus dem Häuschen waren. «Sie hat gesagt, ich hätte den Neo-Claudia-Schiffer-Look!» – «Waas? Ahhh, geil, ahhhh geil, du bist wirklich genauso schön, hab ich immer gesagt.»

Magnus war klar, er hatte nicht den Neo-Claudia-Schiffer-Look. Er brauchte eine andere Idee. Magnus überredete eine Bekannte seines Vaters, die bei einer Castingagentur arbeitet, ihm bei seinem kleinen Trick zu helfen. Einige Tage später klingelte in der Wohnung von Jana und Magnus das Telefon.

«Ja, hier Castingagentur Tita von Bloeme, ich hätte gern den Magnus gesprochen.»

Jana staunte nicht schlecht: «Castingagentur? Den Magnus? Der ist nicht da. Äh, worum geht's denn?»

«Einer unserer Castingagenten hat ihn auf der Straße angesprochen, aber Magnus hat sich noch nicht gemeldet. Es geht um ein Shooting für eine neue Duftserie. Wann kommt er denn zurück?»

«Das dauert noch ... eine Duftserie? Was? Wie? Was meinen Sie damit?»

«Es tut uns leid, wir möchten Magnus nicht drängen, es ist nur so, sein Typ würde eben außerordentlich gut zu dieser neuen Serie passen, er hat diesen typischen New-Heart-Look, der ist sehr gefragt. Könnten Sie ihm bitte ausrichten, er möge sich bei uns melden? Ja? Das wäre sehr nett. Sehr, sehr nett.»

«Äh ... ja ... das äh, mach ich.»

Jana konnte es nicht fassen. Ihr Magnus? Ihr Magnus hatte einen Look? Einen New-Heart-Look? Was immer das war, es war IN. Ihr Freund war IN!

Kaum stand Magnus in der Tür, wurde er von Jana stürmisch empfangen: «Du musst die Castingagentur anrufen, die haben sich gemeldet. Warum hast du mir davon nichts gesagt? Los, ruf die an, ruf an!»

«Was? Ach so das, nein, so etwas mache ich doch nicht.»

«Hä? Wieso das denn nicht? Das ist die Chance. Sie hat gesagt, du hättest diesen Herzdings, diesen ... New-Heart-Look.»

Magnus lachte. «Du glaubst doch diesen Quatsch nicht etwa?»

«Welchen Quatsch?»

«Diesen Look-Quatsch, das ist doch der totale Schwachsinn. Ich sehe doch nicht aus wie ein Model. Hast du nicht selbst gesagt, ich würde nicht aussehen wie ein Star?»

«Ja. Ich? Jaja, aber hier geht's nicht um Stars, hier geht's um

· Bin ich schön?

den neuen IN-Look. Wieso machst du das nicht? Es gibt doch Kohle dafür.»

«Ach nee, ich will nicht berühmt sein, kein Bedarf, das ist nichts für mich. Können wir jetzt über was anderes reden?»

Jana war schon wieder fassungslos. Ihr Freund war IN, hatte aber keinen Bedarf, IN zu sein. Da schuften sich andere täglich ab, um auch nur einen Fuß in die Nähe der IN-Zone setzen zu dürfen, und ihr Freund könnte mittendrin stehen und will nicht. Jana ist nicht dumm, aber das verstand sie nun wirklich nicht.

Und Magnus fühlte sich bestätigt, denn er stellte fest, dass sich Janas Einstellung zu seinem Äußeren geändert hatte. Sie meinte: «Hach ja, ich hab schon einen guten Geschmack, für mich warst du schon immer IN.»

«Das sagst du doch nur, weil das die Agentur gesagt hat. Vorher hast du gesagt, ich würde nur nett aussehen.»

«Nein. Ja. Na und?»

«Ich habe doch gesagt, die Gesellschaft bestimmt die Schönheit. Hätten die angerufen und gesagt, ich soll ein Double für Gollum *(Anmerkung: der hässliche Typ aus* Herr der Ringe, *früher auch Sméagol genannt)* spielen, würdest du dich dann von mir trennen?»

«Nein, Gollum ist ja ein Star.»

«Aha.»

Am nächsten Tag, ein Samstag, wollte Jana die frohe Botschaft «Mein Freund ist ein IN-Typ» stolz ihren Freundinnen verkünden, da rief Tita von Bloeme wieder an. Jana war ganz aufgeregt: «Frau von Bloeme, er will nicht, aber ich werde versuchen, ihn noch zu überzeugen, ehrlich.»

«Ja, das ist nett von Ihnen, aber die Lage hat sich etwas geändert.»

«Ach, kein Casting mehr?»

«Doch, doch, nur der Typ hat sich geändert.»

«Wie, was für ein Typ?»

«Wir haben festgestellt, dass der Magnus an unserem Star-Look-Alike-Shooting teilnehmen könnte.»

«Ein Star? Ein Look-Alike?»

«Ja, es geht um den *Herrn der Ringe*, wir bräuchten ihn für den Gollum ... Hallo? Hallo?»

Tita von Bloemes Kichern bekam Jana nicht mehr mit. Sie stürmte aus der Wohnung hinter Magnus her, der gerade Brötchen holen gegangen war. Durch das Schaufenster der Bäckerei sahen Kunden und Verkäuferinnen, wie eine wütende junge Frau einem jungen Mann mit Anlauf in den Hintern trat, dieser lachend wegrannte, von der jungen Frau weiterverfolgt wurde und aus dem Blickfeld des Schaufensters verschwand. Kurze Zeit später kamen die beiden in die Bäckerei, und die junge Frau bestellte: «Vier Brötchen für mich und meinen hässlichen Freund.»

Nachmachen?

Nicht jeder kennt eine Tita von Bloeme bei einer Castingagentur. Aber die Bekannte seines Vaters musste Magnus auch nur deshalb in Anspruch nehmen, weil er Janas Googlesucht kennt. Sie hätte natürlich sofort nachgesehen, ob das eine echte Agentur ist. Im Zweifel hätte es aber auch gereicht, meinte Magnus später, wenn er sich die Visitenkarte einer Modelagentur hätte nachdrucken lassen. Das geht heutzutage fast kostenlos. Und so eine Visitenkarte hat bei einigen ja schon den Status einer Eintrittskarte zur IN-Zone.

Bin ich schön?

Das Verwöhnaroma

Sebastian ist kein Diplomingenieur, er ist Diplomphlegmatiker, glaubt man seiner Frau Hanna. Man bekommt ihn morgens genauso schwer aus dem Bett, wie man ein zugekifftes Nilpferd zum Seilchenspringen bringt. Ohne den Geruch von Kaffee macht er nicht mal die Augen auf. Erst wenn er eine Tasse seines Lebenselixiers zu sich genommen hat, öffnen sich seine Lider schwer und langsam wie ein eingerostetes Garagentor. Aber es darf nicht irgendein Kaffee sein. Um Gottes willen! Nein! Es muss schon die liebevoll von Hand gestreichelte, hundertprozentige Arabica-Bohne sein. Denn eine andere – genau, Sie haben es erraten – kümmert ihn nicht die Bohne. So ist das nun mal. Die einen beten einen Gott an, die anderen eine Kaffeebohne. Wenn den daraus gewonnenen Espresso dann noch die richtige Crema krönt, darf der Tag beginnen.

Doch genau diese Crema isse eine Problema fürä dieä Hanna. Sie hadert mit Sebastians perfektionistischen Kaffeewünschen: «Die Crema ist nicht fein genug, die Crema ist nicht hell genug, die Crema ist nicht dicht genug ... ich weiß, wer nicht dicht genug ist! Ich kann dieses Wort Crema schon nicht mehr hören, vor allem, wenn er versucht, es so italienisch auszusprechen, die Kräma, die Kräma, die Kräma ... ahhh!» Damit Sebastian mal wieder merkt, dass er es mit seiner «Kräma» übertreibt, übertreibt es auch Hanna.

Der Trick: Die geschmackvolle Dusche

Von Hanna, 42, für ihren Mann Sebastian, 49

Hanna suchte im Internet nach einem neuen Duschvorhang und stieß dabei auf einen Duschkopf, der mit Leuchtdioden bestückt ist. Die Wasserstrahlen werden beleuchtet und kommen in allen möglichen Farben heraus?, dachte Hanna. Toll, was es alles gibt. Fehlte nur noch ein Duschkopf mit verschiedenen Geschmacksrichtungen. Moment mal, das war es! Das war etwas für Sebastians Kräma-Seele.

Abends, als Sebastian vor dem Fernseher hockte, schraubte Hanna in der Dusche den Duschkopf oben vom Schlauch ab. Sie hielt den Schlauch hoch und wollte gerade sehr fein gemahlenen Kaffee hineinfüllen, da wurde sie unterbrochen. Nicht von Sebastian, sondern von ihrem Gewissen. Macht man denn so etwas? Darf man seinem Mann einen so gemeinen Streich spielen?, dachte Hanna, um sofort lächelnd weiterzudenken: Ich wäre ja gern netter, aber mein Charakter ist mir dabei im Weg. Mit dieser lustigen Logik im Kopf füllte sie den Kaffee in den Schlauch, schraubte den Duschkopf wieder auf und kehrte mit unschuldigster Miene zu ihrem Mann zurück.

Am nächsten Morgen sang Sebastian wie so oft mit seiner tiefen Bassstimme unter der Dusche. Gerade intonierte er «Ol' man river», als er schlagartig in den Frauensopran schoss. «Ol' man rivaaaiiiiii, was ist das denn?», kreischte er, während frisch gebrühte Kaffee-Crema über seinen Körper lief. «Woher kommt denn diese Brühe? Das ist ja ekelhaft!» – «Das ist keine Brühe, das ist Crema, das ist Krääämaaa!», rief Hanna, die vor der Badezimmertür kicherte.

Und? Hat dieser Trick etwas bewirkt? Aber ja. Sebastian kümmert sich seither selbst um seine «Kräma». Und um den

Das Verwöhnaroma

Kaffee von Hanna. Ja, tatsächlich. Einen Tag später brachte er Hanna den Kaffee sogar ans Bett. Allerdings nur die leere Packung, mit den Worten: «Hanna, Liebes, wir haben keinen Kaffee mehr, holst du welchen?» – «Was? Kann nicht sein, gestern war doch noch genug da, seltsam.» Nö, eigentlich nicht seltsam, dachte Sebastian. Den Kaffee hatte er nämlich in Hannas Bodymilk geschüttet, mit der sie sich jeden Morgen einreibt. Sie mag ihren Kaffee doch am liebsten mit Milch, dachte er verschlagen grinsend, ich bin schon ein sehr aufmerksamer Ehemann.

Bei der guten alten Frage «Kommst du noch auf einen Kaffee mit rauf?» sollte man bei diesen beiden unbedingt nachfragen: «Du meinst doch hoffentlich Sex, oder?»

Obwohl wir gehört haben, dass diese Frage nach Kaffee heute gar nicht mehr so selbstverständlich auf Sex hinausläuft. Was ist denn da los? Trinken die Frauen und Männer jetzt etwa abends tatsächlich Kaffee? Oder fehlt ihnen eine eindeutig zweideutige Frage, die zum Sex einlädt, ohne zum Sex einzuladen? Wenn ja, wie wäre es mit diesen:

- Ich habe eine außergewöhnlich weiche Raufasertapete, die musst du streicheln!
- Von meinem Schlafzimmerfenster aus hat man eine richtig schlechte Aussicht. Das musst du gesehen haben!
- Weißt du, woran man merkt, welchen Härtegrad eine Matratze hat? Also ich habe mir die gekauft, aber ich weiß es einfach nicht mehr. Hilfst du mir?
- Ich bekomme meine Kuschelrock-CD nicht mehr aus dem CD-Player.
- Bist du handwerklich begabt? Mein Tisch wackelt, und da habe ich mein Kamasutrabuch druntergelegt. Aber das ist

doch keine Lösung für länger, oder? Vielleicht brauche ich das Buch ja mal wieder.

– Ich bekomm irgendwie keine Ordnung in meine DVD-Sammlung. Würdest du den Film *Sex beim ersten Date* eher unter Fantasy oder eher unter Authentischer Film einordnen?

Und dann kann man nach dem Sex ja immer noch fragen: «Willst du noch einen Kaffee?»

Der Mann hat einen an der Kirsche

«Hey, du hast aber wahnsinnig zugenommen, erzähl mal, wie hast du das geschafft?» Eine Frage, die beleibten Menschen eher selten gestellt wird. Dabei ist diese Frage nicht uninteressant. Sonjas Partner Dirk hat sich im letzten Jahr vermehrt seinem horizontalen Wachstum gewidmet. Aber nicht Sonja, sondern ihre Freundin Michaela stellte diese Frage. Und nicht ihm sondern ihr.

«Tja, so richtig weiß ich auch nicht, wie er das gemacht hat», meinte Sonja, während sie im Supermarkt ein Regal durchwühlte, um zwischen den vielen Pralinenschachteln eine spezielle Marke zu finden.

«Du kaufst für deinen Mann Pralinen ein?»

«Ja, wieso?»

«Irgendwie könnte das schon die Antwort auf meine Frage sein.»

Sonja suchte unbeirrt weiter: «Der will diese Dreierpackung.»

«Einen Dreier, was sonst? Gibt es irgendwo einen Mann, der keinen Dreier will?»

«Wir haben nur noch eine Packung Mon Chéri zu Hause. Wo sind die denn?»

«Ihr habt *nur noch* eine Packung davon?»

«Ja, der Dirk zieht sich die rein wie andere Leute Chips.»

«Aha, jetzt bin ich mir sicher, die Antwort auf meine Frage gefunden zu haben.»

«Mist, siehst du die Dinger hier irgendwo? Nee, ach, ist ja wieder Sommer. Im Sommer sind die Mon Chéri ja immer weg. Wo sind die eigentlich?»

«Keine Ahnung, im Sommerurlaub? Und wenn ich Dirk so angucke, könnten die da auch ruhig noch ein paar Jahre bleiben.»

Der Trick: Der Mann hat keinen mehr an der Kirsche

Von Sonja, 35, für ihren Partner Dirk, 36

Kurze Zeit später kamen die beiden bei Sonja an und genehmigten sich erst mal ein Gläschen Prosecco. Und was passt besser zu Prosecco als Branntwein, verpackt in dunkler Schokolade? Sonja öffnete die Packung Mon Chéri, und die beiden hauten sich eine Praline nach der anderen rein, wobei Sonja kritisch auf den Schriftzug blickte: «Da können gar nicht überall Piemontkirschen drin sein, ich war mal im Piemont, da stehen vielleicht drei Kirschbäume.»

«Na, wer das glaubt, glaubt auch, dass in Ferrero Küsschen wirklich Küsschen sind. Und der glaubt auch, dass die Byzantiner Königsnüsse aus Byzanz kommen. Dabei gibt's Byzanz doch schon lange nicht mehr, da wären die Nüsse ja sehr alt.»

«Apropos ... was isst denn eigentlich jetzt der Dirk?» Sonja schob die leere Pralinenpackung zu Michaela herüber. Nach einer Stunde und einer Flasche hatten die zwei die Packung leer gefuttert und so, ganz nebenbei, eine neue Diät erfunden, die Wegfressdiät. Michaela hatte das sofort erkannt: «Ach, das ist doch super, der Dirk nimmt automatisch ab, wenn nichts mehr da ist.»

«Ja, schon, aber irgendwie ist das ja doof, so eine leere Packung. Ich finde, wir müssten einen netteren Weg finden, um ihm das mitzuteilen.»

Am nächsten Abend machte es sich Dirk vor dem Fernseher gemütlich. Endlich Feierabend. Das Abendessen war wunderbar, und als süße Abrundung gab es für ihn mal wieder nichts Schöneres als ein paar leckere Weinbrandpralinen. Er öffnete die Packung, wunderte sich kurz über deren Gewicht und wunderte sich dann etwas länger, als er statt der erhofften Mon-Chéri-Pralinen diesen Zettel fand:

Nachmachen?

Das können Sie, liebe Leser, natürlich mit allen Lieblingsspeisen Ihres Partners machen. Wenn Sie ihm durch die Blume sagen wollen, dass er sich womöglich ein winziges Tönnchen zu viel davon reinhaut. Vom charmanten «Sind im Urlaub» über das weniger charmante «Du bist eh zu fett!» bis zum heuchlerischen «Ich hab's für dich gegessen, damit du gesund bleibst!» sind Ihnen da keine Grenzen gesetzt.

Nachtrag:

Dirk dachte zwar kurz über seinen übermäßigen Pralinenverbrauch nach, erkannte in seiner Frau aber einen würdigen Fahrgast für eine Retourkutsche. Nachdem er ihre Noisetteschokolade aufgegessen hatte, legte er einen Zettel hinein mit der Aufschrift: «Unbekannt verzogen».

Geld allein

Um den alten Werbespruch zu widerlegen, dass Geiz geil ist, müssen wir keinen ausgebufften Gesellschaftsexperten bemühen. Wir müssen uns nur fragen, wann wir das letzte Mal in einem der vielen seriösen High-Society-Magazine einen Artikel wie diesen gelesen haben:

> *Monaco.* Fürst Albert II. lud seine Frau, Fürstin Charlène anlässlich ihres Hochzeitstages zu einem Essen in Jacques' LKW-Eck ein. Wie wir vom äußerst diskreten Inhaber Jacques erfuhren, wurde die Fürstin schon beim Anblick der vor Fett triefenden, eingeschweißten Speisekarte mit ihren stolzen fünf Billiggerichten recht kribbelig. Auch die von Unkundigen häufig als Dreck missverstandene Patina auf den Tischen und Bänken elektrisierte Alberts Gattin sichtlich. Sie warf ihr Haar auf typisch weiblich erotische Art zurück und leckte sich lustvoll die Lippen. Als Fürst Albert II. dann nicht zwei Portionen Pommes Mayo bestellte, sondern nur eine Portion mit zwei Gabeln, riss die Fürstin den Slip unter ihrem engsitzenden Rock in Stücke und besprang jubelnd ihren Mann mit leidenschaftlicher Ekstase. Ein Vorgang, so der diskrete Jacques, den er bei den schönen Frauen reicher Männer in seinem Billigladen fast täglich erlebt.

Sie erinnern sich nicht an einen solchen Artikel? Gut, dann hätten wir durch empirisch exakte Beobachtung wissenschaftlich belegt, dass Geiz weder geil macht noch geil ist. Maria möchte ihren Eike nämlich auch nicht sofort bespringen, wenn er ausgerechnet bei den Geschenken für die Freunde seinen Rotstift herausholt.

«Zwanzig Euro für einen Blumenstrauß? Müssen wir uns unsere Freunde schon kaufen?»

«Ja, seit ich mit dir verheiratet bin, besucht mich ja sonst keiner mehr», kontert Maria. Sie ist genervt über sein geiziges Verhalten, das er trotz ihrer häufigen Versuche einfach nicht ändert. Moralpredigten haben bei ihm den gleichen Effekt wie ein Regenschauer bei einem Hund. Es ist ihm unangenehm, ja, aber dann schüttelt er sich einmal richtig und geht unbekümmert weiter. Sie wäre schon zufrieden, wenn der Effekt einmal etwas länger anhalten würde. So wie bei einem Sprung ins kalte Wasser. Aber wie? Wie geht das bei einem Mann, der, wie sie sagt, das Ergebnis einer sparsamen Liaison zwischen einem Schotten und einer Schwäbin sein könnte.

Der Trick: Feuer der Liebe!
Von Maria, 42, für ihren Mann Eike, 40

Als Maria für die Hochzeit von Freunden an ein Vogelhäuschen Geldscheine klebte, kam Eike vorbei und schüttelte missmutig den Kopf: «Was soll das denn? Die wünschen sich Geld zur Hochzeit, und dann muss man auch noch Geld für ein Vogelhäuschen ausgeben, um das Geld zu überreichen? Das Vogelhäuschen hätte mir als Geschenk gereicht.»

«Aber das ist doch nur ein Symbol für das Haus, das sie sich kaufen wollen.»

«Nur ein Symbol? Das ist mir zu teuer. Du hättest auch auf das Briefkuvert ein Häuschen malen können.»

Maria klebte angesäuert weiter Geldscheine an das Häuschen.

Da schnappte sich Eike einen Zwanziger. «Was? Noch einen Zwanziger? Und noch einen? Nee, warte, den nehme ich aber wieder weg.»

«Finger weg», rief Maria, «wenn du den wegnimmst, kannst du was erleben.»

Was könnte das wohl sein?, fragte sich Eike, als sich Maria blitzschnell zwei Fünfziger griff, ein Feuerzeug aus der Tasche zog und die Flamme an die beiden Scheine hielt. «Ich verbrenne die hier, wenn du mich weiter nervst.»

«Ja, klar, von wegen.» Eike griff trotz Marias Drohung nach dem Zwanziger. Sein Haus der Selbstsicherheit war über Jahre auf dem Fundament seiner Ignoranz errichtet worden und zerbröselte in dem Augenblick auf Vogelhäuschengröße, als die beiden 50-Euro-Scheine hell aufflammten.

«Da... da... das ist Geld! G-g-g-geld!», stotterte er.

Maria warf den letzten Rest der Scheine auf einen Teller, wo sie zur Asche verglühten und jeden Lateiner Lügen straften. Pecunia non olet? Geld stinkt nicht? Doch! Wenn man es verbrennt. Es stinkt vor allem dann, wenn es kopierte Geldscheine sind, auf deren Rückseite mit farbigen Eddings gemalt wurde. Das war nämlich Marias erste Idee. Sie wollte einen bunten Geldstrauß mit kopierten Scheinen flechten. Dann ist ihr aber unser penibles Strafrecht eingefallen, das Geldkopieren für unredlich hält. Aber von diesen Kopien wusste Eike ja nichts. Er hat es auch erst nach einer Stunde von Maria erfahren. Eine Stunde, die er gut genutzt hat. Eine Dreiviertelstunde, in der er sich ernsthaft überlegte, wie er an eine so bekloppte Frau geraten konnte. Und eine Viertelstunde, in der ihm klarwurde, dass seine Frau gar nicht so bekloppt ist.

Maria hat mit ihrem spontanen Trick einen Effekt erreicht, der stärker war als jeder Regenschauer. Und schon drei Stunden später zog Eike aus seinem Portemonnaie einen Fünfziger und klebte ihn ans Vogelhäuschen. Müssen wir erwähnen, dass Maria ihn anschließend besprang? Nein, das müssen wir nicht.

Recht und Ordnung

Der unvergessliche Hochzeitstag

«Am 13. Juli 2014 haut Mario Götze den Ball in der 113. Minute ins Netz. Deutschland wird zum vierten Mal Fußballweltmeister. Zum ersten Mal am 4. Juli 1954 in der 84. Minute durch Rahn, zum zweiten Mal am 7. Juli 1974 in der 43. Minute durch Müller, zum dritten Mal am 8. Juli 1990 in der 85. Minute durch Andi Brehme.» Diese Daten betet Berthold herunter wie eine Nonne das *Vaterunser*. Nur seinen Hochzeitstag vergisst er jedes Jahr. Da kann ihn Anja einige Tage vorher noch so wundervoll mit dezenten Anspielungen darauf hinweisen: «Berthold, erinnerst du dich noch an unsere Hochzeit? War doch schön, oder?» Berthold beantwortet diese Fragen genauso gelangweilt, wie er Fleischereifachverkäuferinnen auf die Frage antwortet: «Darf's 10 Gramm mehr sein?» – «Joaaa.»

Dezente Anspielungen führen bei Männern zu gar nichts, merkt Anja. Aber was sollten Frauen sagen? «Nächste Woche haben wir Hochzeitstag, und wenn du den vergisst, feiert dein Arsch Kirmes, Freundchen, und nicht nur dein Arsch. Dann häng ich deine Eier statt Glocken in den Kirchturm und läute so lange, bis du dich anhörst wie ein Hamster auf Speed.» So etwas? Vielleicht spart Anja sich so einen Satz doch lieber fürs nächste Jahr auf, sollte ihr wunderbar zärtlicher Beziehungstrick dieses Jahr erfolglos bleiben.

Der Trick: Mit anderen Torten gesagt ...
Von Anja, 45, für ihren Mann Berthold, 45

An ihrem Hochzeitstag deckte Anja den Tisch festlich mit gefalteten Servietten und Kerzen. Ihre beiden Söhne Leon und Cornelius saßen mit gebügelten Hemden und feierlicher Miene da und grinsten sich eins. Sie wussten etwas, was ihr Vater nicht wusste. Zum einen, dass heute der 15. Hochzeitstag ihrer Eltern war, und zum anderen, dass Papa sich den heutigen Tag ganz sicher merken würde. Kaum hatte Berthold den letzten Bissen des Hauptganges auf der Gabel, verkündete Anja: «Und zur Feier des Tages gibt es heute als Nachtisch eine Torte.» Berthold schaute verwirrt auf und fragte: «Was für eine Feier?» Da balancierte Anja auf der Hand auch schon eine Torte, auf der eine dicke 15 prangte. 15?, dachte Berthold. Wird der Große nicht erst 13? Bertholds Mimik verdeutlichte Anja, dass er noch immer nicht wusste, was gefeiert wurde, und erleichterte ihr den nächsten Schritt. Sie knallte mit dem Fuß gegen das Stuhlbein, stolperte, verlor ihr Gleichgewicht, stützte sich mit einer Hand noch so eben auf dem Tisch ab und ließ die Torte weit, weit fliegen. Mitten in Bertholds Gesicht.

«Oh neiiin!», rief Anja mit Entsetzen aus. Ein gespieltes Entsetzen, das schauspielerisch ungefähr so echt herüberkam wie laienhaftes Kindertheater. Aber das konnte Berthold mit der Schokosahnecreme auf seinen Augen ja nicht sehen. «Oh neiiin!», riefen die beiden Jungs gibbelnd, die genau wie ihre Mutter wussten, dass die Torte nicht nur mit voller Wucht, sondern auch mit voller Absicht im Gesicht ihres Vaters gelandet war, der sich gerade fühlte als sei er irrtümlich in einen «Dick & Doof»-Film geraten. «Das tut mir wirklich leid, Schatz, ehrlich», schwindelte Anja und holte einen Lappen, während Leon und Cornelius mit dem Finger ihrem immer noch vor Schreck versteinerten Vater Tortenstücke aus dem Gesicht stibitzten und vom Finger abschleckten. «Papa guckt sauer, schmeckt aber total süß.»

«Beruhigt euch, so was kann doch mal passieren, kein Grund zur Panik!», rief Berthold, der mit dem letzten Rest väterlicher

Abgeklärtheit nicht merkte, dass niemand außer ihm unruhig war, sondern total lustig drauf. Erst als Anja mit dem Lappen sein Gesicht frei wischte und dabei von einem Lachanfall in den nächsten glitt, ahnte Berthold, dass hier gerade ein Spiel auf seine Kosten gespielt wurde. Ein Spiel, dessen Datum ihm jetzt einfiel. «Ach du lieber Gott, heute ist der 8. Mai, unser Hochzeitstag!», brach es da grinsend aus dem Schokosahnegesicht hervor. «Super, Papa, du hast es kapiert!», rief Leon. «Den Tag wirst du dir jetzt merken, oder?» – «Welchen Tag?», witzelte Berthold. «Boaahhh, tu nich so», rief Cornelius. «Echt, ich würd Mama nicht sauer machen. Die hat die Torte ja vorher noch aufgetaut, das war doch nett. Das macht sie beim nächsten Mal vielleicht nicht mehr.» An diesem Abend hatten alle Bauchschmerzen vom vielen Lachen und nicht vom vielen Torteessen.

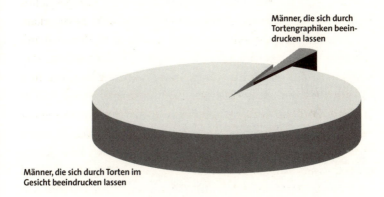

Tage später dachte Leon an den Abend zurück und meinte: «Ich will auch eine Torte ins Gesicht. An meinem Geburtstag!» Anja erfüllte ihm diesen kleinen Wunsch gern. Er durfte sich im Kaufhaus sogar die Geschmacksrichtung aussuchen, Zitrone.

An seinem Geburtstag saßen seine nichtsahnenden Freunde am gedeckten Tisch. Als Anja die Torte in Leons Gesicht warf, starrten alle zunächst mit weit aufgerissenen Augen auf die Torte und dann auf die lächelnde Anja. Sie fürchteten sich vor dieser Frau, die offenbar mit Schadenfreude ihrem Sohn eine Torte ins Gesicht ballerte. Aber dann brüllte Leon: «Haha, reingefallen!» Als auch der Letzte den Gag verstanden hatte, wollte jeder von ihnen an seinem Geburtstag eine Torte ins Gesicht bekommen. Jetzt überlegt Anja, sich als Tortenwerferin selbständig zu machen.

Batman oder Badmann

Irene hat Peter geheiratet, obwohl an ihm nichts strahlend Heldenhaftes ist. Peter ist kein Superman, Peter ist auch kein Batman, aber vielleicht ist Peter ja ein Badmann. Also einer, der das Badezimmer heldenhaft zum Strahlen bringt. Einer, der sich nicht auf Verbrecher stürzt, sondern auf Kalkflecken und Seifenränder. Einer, der auch vor Pickelresten auf dem Spiegelschrank nicht zurückweicht. Ein Mann, der dem Abschaum links und rechts eine scheuert, bis er für immer im Abfluss verschwindet. Ist Peter ein solcher Mann? Nein, leider macht Irene die gleiche Erfahrung wie viele Frauen vor ihr: Irgendwann weicht der süße Duft der Rosen dem scharfen Geruch des Essigreinigers, und die Frau muss ganz alleine putzen.

Sobald Peter das Bad putzen soll, wird er unsichtbar. Und missachtet so den in langen Debatten ausgehandelten Paragraphen ihres Ehegesetzbuches: Peter reinigt im Wechsel mit Irene alle zwei Wochen das Bad. Irene macht Peter zu Recht Vorwürfe. Dabei ist sie schon so wütend, dass sie ihm am liebsten nichts vor-, sondern nachwerfen würde, einen feuchten Lappen zum Beispiel oder die Klobürste: «Er hat unser Ehegesetz gebrochen!» Mit dem Gesetzbuch kennt sie sich als Rechtsanwaltsgehilfin aus. Genauso wie mit ihrem Computer, auf dem sie ein amtliches Schreiben fälschte und an ihren Mann schickte.

Der Trick: Richterin Badputz

Von Irene, 32, für ihren Mann Peter, 37

AMTSGERICHT BERGISCH GLADBACH

Amtsgericht Postfach ▓▓▓▓▓ Bergisch Gladbach

Herrn
Peter ▓▓▓▓▓▓▓
▓▓▓▓▓▓▓

51429 Bensberg

Datum: 18.10.2014
Seite 1/1
Geschäftsnummer
1314 BP (Strafsache)
Tel.: ▓▓▓▓▓▓▓▓
Fax: ▓▓▓▓▓▓▓
▓▓▓▓▓▓▓

AKTENZEICHEN 100 BP 13/14

Sehr geehrter Herr ▓▓▓▓▓▓

nach § 266 StGB wird hiermit gegen Sie Strafanzeige erstattet.

Das Gericht hat nach gründlicher Prüfung die Anerkennung auf Zulassung dieser Strafsache bestätigt.

Sie haben mehrere Fristen zur Abwendung eines Strafverfahrens verstreichen lassen.

Beweismittelführung und Zeugenbefragung (Sachverständige) sind abgeschlosssen.

Das Datum des Prozessbeginns wird Ihnen in den nächsten Tagen zugesandt.

Mit freundlichen Grüßen

[Unterschrift]

i.V.
Badputz
Richterin am Amtsgericht

Dienstgebäude
Bergisch Gladbach
▓▓▓▓▓▓▓
▓▓▓▓▓▓▓
▓▓▓▓▓▓▓

(Inhalt des Schreibens und Name der Richterin von Irene frei erfunden. Name und Adresse aus Datenschutzgründen geschwärzt. Hinweis: Das Fälschen von amtlichen Schreiben, Zeichen, Flaggen etc. ist verboten.)

Peter ist ein gesetzestreuer Bürger, er wird schon wuschig, wenn er zwei Minuten im Halteverbot steht. Kein Wunder also, dass sich beim Anblick des Schreibens, das seiner Meinung nach vom Amtsgericht stammte, seine Stirn in Falten zog wie bei einem missmutigen Mops. «Was soll denn dieser Quatsch? Was für eine Strafsache? Ich habe doch überhaupt nichts getan!», polterte er drauflos. Und genau das ist das Problem, dachte Irene, die sich diesen Augenblick immer wieder vorgestellt hatte, ihre Rolle sogar vor dem Spiegel geübt hatte und jetzt überzeugend die besorgte Ehefrau gab: «Strafsache? Das ist ja furchtbar. Ist das vielleicht ein Irrtum, mein Liebling?» – «Vielleicht, vielleicht», blökte Peter. «Natürlich ist das ein Irrtum! Hier!» Er wedelte mit dem Brief vor Irenes Nase herum: «Die Richterin ist i.V., also in Vertretung, die hat sich doch bestimmt vertan, die dumme Nuss. Und was ist das überhaupt für ein selten dämlicher Name? Richterin Badputz? Wer heißt denn so? Badputz, so heißt doch kein Mensch!» – «Ruf doch da mal an», schlug Irene listig vor und spürte, wie ihr Puls freudig schneller schlug. «Ja, genau, das werde ich jetzt machen. Das mache ich», wiederholte Peter, der sich so in seinen Mut-Modus redete. «Das mache ich jetzt!»

Anders als beim Badputzen, ließ Peter seinen Worten Taten folgen. Die Angestellte beim Amtsgericht versuchte jedoch vergeblich, eine Richterin mit diesem klangvollen Namen zu finden.

«Badputz? Badputz war der Name?»

«Ja, Richterin Badputz ... B a d p u t z.»

«Moment, ich ... tut mir leid, die ist hier nicht aufgelistet.»

«Aber hier steht doch Strafsache Badputz. Hier steht, ich hätte mehrere Fristen verstreichen lassen. Davon weiß ich aber nichts.»

Typisch, dachte Irene, wie oft habe ich ihm gesagt, er soll das Bad putzen, aber nichts ist passiert.

«Und die Beweisführung sei abgeschlossen und Zeugenbefragung und Sachverständige», zitierte Peter aufgeregt aus dem Schreiben. «Was denn für Sachverständige?»

Viele kleine Schweißperlen bevölkerten inzwischen Irenes Stirn. Sie stammten von der Anstrengung, ihr Lachen zu unterdrücken, denn die Sachverständige in dem Schreiben war natürlich Irene selbst.

«Ich kann Sie auch zur Staatsanwaltschaft durchstellen, wenn Ihnen das hilft.»

«Staatsanwaltschaft? Gut, wenn diese ominöse Frau Badputz nicht aufzutreiben ist, dann ...» Peter blickte auf seine Frau, deren Grinsen so breit war, dass sich ihre Mundwinkel auf dem Hinterkopf zu treffen drohten. Er erwiderte ein unsicheres Lächeln, obwohl er nicht wusste, warum sie gerade grinste. Erst als Irene prustend aus dem Zimmer lief, schoss es ihm wie Blitz und Donner durch den Kopf: «BADPUTZ! AHHH! IRENE!»

Nach kurzem Aufbrausen glätteten sich die Wogen, und Peter lachte mit Irene über diesen Streich. Er versicherte ihr sogar glaubhaft, ab jetzt der heldenhafte Badmann zu sein, den Irene sich schon immer gewünscht hatte. Noch vier Wochen später machte sich Irene vor Lachen beinah in die Hose, wenn jemand auch nur das Wort «Bad» oder «Putzen» aussprach. Sie dachte immer wieder an das hochrote Gesicht ihres Mannes: «Richterin Badputz? Wer heißt denn so? Badputz, so heißt doch kein Mensch!»

«Zahlen, bitte!»

Eine statistische Einordnung zum Thema Badputzen:

Laut Statistik sprechen Frauen in einer Beziehung mehr Worte als Männer. Die Frage, warum sie das tun, wird oft mit Klischees beantwortet wie «Frauen plappern halt gern» oder «Männer reden effizienter». Alles falsch. Der Grund, warum Frauen mehr reden, ist ganz einfach: Sie müssen die Männer immer wieder daran erinnern, die anliegenden Arbeiten zu erledigen. Wie zum Beispiel das Bad zu putzen.

Frau:

«Du bist heute dran mit Badputzen, ja?»

Mann:

«Hm.»

Frau:

«Hast du gehört? Hallo? Ich habe letzte Woche geputzt, und du bist diese Woche dran.»

Mann:

«Jaha.»

Ergebnis:

Worte Mann: 2

Worte Frau: 22

Was bei diesem kurzen Dialog schon sichtbar wird, wiederholt sich nach einer Stunde noch einmal, weil der Mann sich noch immer nicht bewegt hat. Dann nach einer weiteren Stunde noch einmal. Sehr sparsam gerechnet, kommen wir dann also schon auf:

Worte Mann: 6

Worte Frau: 66

Muss der Mann jede zweite Woche an seine Pflicht erinnert werden, sind das aufs Jahr gerechnet 26 Wochen. Bei 25 Ehejahren kommen wir auf:

25 Ehejahre x 26 Wochen / Jahr x 66 Worte = 42 900 Worte

42 900 Worte, nur um den Mann zum Badputz zu bewegen. 42 900 Worte reichen aus, um einen Roman zu füllen. Einen ganzen Roman! Vielleicht einen mit dem Titel *Der Mann, der aus dem Fenster stieg und verschwand, um sich vorm Badputzen zu drücken.* Oh, und nebenbei, er stieg durch ein sauberes Fenster. Das hatte seine Frau natürlich auch schon geputzt.

Gut, lesenswert ist dieser Roman bestimmt nicht. Aber selbst wenn die Frau ihn hätte lesen wollen, bliebe ihr keine Zeit dazu. Sie muss ja nach den erfolglosen Aufforderungen das Bad selber putzen.

26 Samstage im Jahr zusätzlich eine halbe Stunde Putzarbeit. Bei 25 Ehejahren sind das 325 Stunden, also über 40 Arbeitstage, oder 8 Wochen Urlaub. 8 Wochen Urlaub, in denen die Frau Zeit hätte, wirklich gute Bücher zu lesen wie Prousts *Auf der Suche nach der verlorenen Zeit.*

Statistiken wie diese zeigen unwiderlegbar, wie richtig Irene mit ihrem Trick lag und wie wichtig es für alle Frauen ist, ihrem Beispiel zu folgen. Dabei weisen wir aber noch einmal darauf hin, dass es strafbar ist, amtliche Schreiben zu fälschen. Lustig aber strafbar.

Aufräumkommando

Ein Mann braucht einen Rückzugsraum. Es kann das Arbeitszimmer sein, der Keller, der Dachboden, das Gartenhäuschen oder die Garage. Wenn der Mann dann seine Garage mit Fußbodenheizung und polierter Eichenholztheke inklusive Zapfhahn ausgerüstet hat, ist er zufrieden. Er hat zu tun und ist weg von der Frau. So weit das gängige Klischee. Aber was passiert, wenn sich dieser Mann plötzlich doch wider Erwarten mit seiner Frau so gut versteht, dass er keinen Rückzugsraum mehr braucht? Die Garage verkommt, verlottert und verludert, und es sieht darin so unaufgeräumt aus wie in einer stinknormalen Damenhandtasche.

Frauen wie Eva sind dem Chaos in einer Damenhandtasche gegenüber bedeutend toleranter als dem Chaos in einer Herrengarage. Zwanzig Minuten den Wohnungsschlüssel in der Handtasche suchen und dabei auf einen Schnuller stoßen, obwohl der Sohn mittlerweile in die dritte Klasse geht? Normal. Zwei Minuten einen Schraubenschlüssel in der Garage suchen? Verrückt. Dabei fand Eva in der Garage nicht nur einen Schraubenschlüssel, sondern vor allem Schmutz, Staub und Wollmäuse. «Der Sausack», dachte sie übellaunig, «der soll mal seine versaute Garage aufräumen.» Ihr Blick fiel auf die Wollmäuse unter dem Regal, als sie plötzlich eine echte Maus sah. «Ahhh, eine Maus, eine Maus, Hilfe, Hilfe!», kreischte sie und sprang auf die nächstgelegene Kiste. Eva lebte das Große-Frau-hat-Angst-vor-kleiner-Maus-Klischee in voller Pracht aus. Als sich die Maus aber nicht bewegte und sich mit einem starken Puster zur Seite rollen ließ, ahnte sie, dass es sich wohl doch nicht um eine echte, sondern um eine Wollmaus handeln musste. So, und jetzt, liebe Leser, können Sie erleben, was weiblich spontane, intuitive Hinterhältigkeit bedeutet.

Aufräumkommando

Der Trick: Mit Mäusen fängt man Dreck

Von Eva, 45, für ihren Mann Johann, 52

Evas Mann Johann hatte den Hilfeschrei gehört und war besorgt in die Garage geeilt: «Was ist passiert?»

Ja, was war passiert? Um der Wahrheit die Ehre zu geben, hätte Eva sagen müssen: «Nichts, ich dachte da wäre eine Maus, aber es war nur ein Staubknäuel.» Und was hätte sie für diese Wahrheit geerntet? Hohn und Spott. «Haha, meine Frau hat Angst vor Wollmäusen, haha!» Die Ernte hätte für eine ganze Woche gereicht. Und das nur, um der Wahrheit die Ehre zu geben und eine unaufgeräumte, dreckige Garage zu behalten? Von wegen, nicht mit Eva!

«Was ist passiert?», fragte Johann.

«Eine Maus, eine Maus, ein riesen Ding, vielleicht eine Ratte!», rief Eva mit gut gespieltem Entsetzen.

«Was? Wo denn?»

«Da! Da vorne, da lief sie. Kein Wunder in diesem Saustall hier. Jetzt holen wir uns wegen dir auch noch die Ratten ins Haus. Nur weil du hier nie sauber machst und nicht aufräumst», schimpfte Eva. Das Adrenalin vom Mauserschrecktsein hatte sie prima in eine künstliche Erregung weitergeleitet. Sehr glaubhaft.

«Jaja, is ja gut, ich finde sie schon», erwiderte Johann schuldbewusst.

«Räum das hier auf, sonst kommen die wieder.»

«Ja, ich räume alles Stück für Stück auf. Keine Sorge, ich finde die.»

«Das will ich aber auch hoffen!»

Und so ging Eva ab von ihrer kleinen Garagentheaterbühne. Sie ging ab in der Gewissheit, dass die Wahrheit zu sagen nur Negatives bewirkt hätte. Die kleine Lüge aber hatte ein großes

Schuldgefühl bei Johann entfacht. Wahrheit und Ehre tun nichts, sie sind faul. Aber Schuld räumt gerade die Garage auf. Nun, diese Garage wird Eva noch um eine weitere Lebensweisheit bereichern.

Eine Woche später hielt sie es nicht mehr aus. Sie hatte ihren Mann mit einer Lüge dazu gebracht, die Garage aufzuräumen. Und sie hatte geschwiegen. Unmöglich für eine Frau wie sie. Sie musste es ihm sagen. Und das tat sie: «Es war eigentlich gar keine Maus da, ich hab das nur gesagt, damit du die Garage aufräumst, hihihi, reingefallen, hahaha!» Nicht um ihr Schuldgefühl loszuwerden, sie hatte keins, sondern um sich über ihn lustig zu machen. Hohn und Spott sollte er ernten.

Nachtrag:

Monate später trug sich eine Geschichte zu, die von Autoren üblicherweise mit «Hätte ich das geschrieben, würd's keiner glauben» kommentiert wird. Die Garage war nicht mehr ganz so sauber und nicht mehr ganz so aufgeräumt und zog diesmal wirklich eine Maus an. Sie hatte es sich in der Schublade aus Putzlumpen gemütlich gemacht. Als die Maus ihren Sonntagsspaziergang antrat, wurde sie von Eva überrascht. «Ahhh, eine Maus, eine Maus, Hilfe!», schrie sie panisch und kletterte wieder auf eine Kiste. «Johann, Hilfe, eine Maus, eine Maus!»

«Verarschen kann ich mich alleine!», tönte es da aus dem Haus. «Meinst du etwa, ich räume am Sonntag die Garage auf? Du spinnst wohl!»

Eva kam sich auf ihrer Kiste vor wie die Vorlage für ein moralisches Kinderbuch, das der Papa aufschlägt, auf Eva deutet und sagt: «Siehst du, mein Sohn, und da wird die Lüge bestraft, siehst du?» – «Ja, Papa, lügen darf man nicht.» – «Genau, lügen darf man nicht. Wer einmal lügt, dem glaubt man nicht, und wenn er auch die Wahrheit spricht.»

Ist das wirklich die Moral der Geschichte? Oder ist es: «Wer einmal lügt, sollte damit nicht prahlen»? Denn diese Lüge hat noch ein paarmal sehr gut gewirkt. Nicht bei Eva, aber bei ihren Freundinnen. Nach dem großartigen Erfolg ihrer Mauslüge beim ersten Mal erzählte sie ihnen diese Geschichte, und alle waren sofort davon angetan. Nelly fand vermeintlich eine Maus auf dem Dachboden, der daraufhin erstrahlte wie nie zuvor. Ida fand eine Ratte im Keller, der von ihrem Mann blitzblank geputzt wurde. Und beide haben es ihren Männern nie erzählt. Sie werden es nie herausfinden – es sei denn, sie lesen dieses Buch.

Autoerotik

«Männer, die große schnelle Autos fahren, haben einen kleinen Penis», meint Olivers Freundin Alina. Sie zitiert dieses Klischee immer wieder. Ein Klischee, das fester im Sattel sitzt als der Marlboro-Mann, der ja auch kein kleines, lahmes Pony reitet, sondern ein großes schnelles Pferd und daher auch einen kleinen Penis haben müsste. Vom vielen Rauchen und Reiten pendelt zwischen seinen Cowboybeinen vermutlich nur noch ein Würstchen, das aussieht wie eine überfahrene Mini-Bifi. Ist an diesem Klischee etwas dran? Stehen Genital und Gefährt in unbedingtem Zusammenhang? «Ja, wenn das so wäre», meint Oliver, «was haben denn dann Frauen, die kleine Autos fahren? Haben die eine große Mumu?»

Das, lieber Oliver, ist eine gute Frage. Wir wissen es nicht, teilen aber die Beobachtung, dass Frauen oft ein kleines Auto wählen, wenn sie die freie Auswahl haben. Sie wählen meist nur größere Autos, wenn berufliche oder familiäre Verpflichtungen sie dazu zwingen, einen Kombi oder einen Van zu kaufen. Eine Ausnahme bilden wohlhabende Trend-Muttis. Sie stillen ihr Sicherheitsbedürfnis mit einem Geländewagen, in dem die lieben Kleinen auch vor angriffslustigen Radfahrern geschützt sind, die anschließend in der Waschanlage sorgsam vom Kuhfänger geschrubbt werden.

Was könnte der Grund dafür sein, dass Frauen kleinere Autos bevorzugen? Es gibt noch keine befriedigende wissenschaftliche Antwort auf diese Frage. Auch das angesprochene Klischee «Mann mit großem Auto = kleiner Penis» wurde bislang nicht hinreichend erforscht und belegt oder bestritten. Gott sei Dank! Männer können sich glücklich schätzen, bei der Zulassungsstelle nicht die Hose runterlassen zu müssen. «Ihr Penis ist für Ihr

Auto aber zu klein geraten. Sie können ruhig ein größeres Auto fahren.»

«Wir fahren kleine Autos, weil wir nicht protzen wollen und weil sie umweltfreundlicher sind und praktischer, leichter einzuparken, insgesamt vernünftiger eben», sagt Alina.

«Ach was. Frauen mit riesigen Mumus kompensieren das mit kleinen Autos, um einen auf süß zu machen», kontert Oliver streitlustig.

«Ich fahre einen Smart. Habe ich eine riesige Mumu?»

«Nein.»

«Aber das hast du gerade gesagt.»

«Weil du gesagt hast, mein Penis wäre klein, ich fahre schließlich einen Audi A6.»

«Eine riesige Mumu und ein kleiner Penis, das passt aber überhaupt nicht zusammen.»

«Stimmt, das ist ja so, als ob man ein Würstchen in eine Turnhalle wirft», zitiert Oliver eine alte Männerweisheit, die in ihrer Bildhaftigkeit denen von Konfuzius in nichts nachsteht.

«Gut, wir können uns vielleicht trotz der Klischees darauf einigen, dass wir beide mittelgroße Geschlechtsorgane haben. Einverstanden?»

«Einverstanden. Aber nicht mittelmäßig, nur mittelgroß.»

«Gut.»

«Gut.»

Alina meint, dass es zwei Dinge gibt, um die sich Oliver viel zu viel kümmert: 1. um seinen Penis, 2. um sein Auto.

«Oliver nimmt nur einen bestimmten Parkplatz vor der Tür, der frei von Bäumen ist, damit die Tauben nicht auf seinen Wagen kacken. Wenn der besetzt ist, fährt er um den ganzen Block. Bei meinem Smart verzweifeln die Tauben, der ist so klein, den treffen die nie.»

Der Trick: Ach du Scheiße!

Von Alina, 31, für ihren Freund Oliver, 32

Alina übertreibt nicht, Oliver hasst Taubenscheiße. Er glaubt sogar, wenn er eine Taube in einen Käfig steckte, darüber eine Kloschüssel baute und das Konstrukt mit dem Schild «Ein Racheschiss 5 Euro» auf den Marktplatz stellte, würde er in einer Woche Millionär. So jedenfalls ist seine Vermutung über die Vendetta-Gefühlslage seiner Leidensgenossen.

Als Oliver eines Tages nach dem Einkauf diesen einzigartigen kackfreien Parkplatz vor der Haustür ergatterte, konnte er sein Glück kaum fassen. «Hast du das gesehen, Alina? Hast du das gesehen? Frei, der ist frei!», wiederholte er ständig, um schließlich fröhlich flötend in ihre Wohnung im dritten Stock zu stiefeln. Alina folgte ihm nach kurzer Zeit.

Kaum war Oliver oben angekommen, führte ihn sein erster Gang zum Fenster, um seinen Wagen auf dem Parkplatz zu bewundern. «Ach du Scheiße!», rief er entgeistert. «Das darf nicht wahr sein. Ich drehe durch! Ein riesiger Schiss mitten auf der Motorhaube.» Er schnappte sich eine Wasserflasche und einen Lappen und rannte wieder hinunter zu seinem Lieblingsspielzeug. Alina schaute lächelnd aus dem Fenster und dachte: Der Fleck sieht wirklich echt aus, als hätte ein Geier draufgekackt. Da kann man mal sehen, was man mit Heidelbeerjoghurt so alles machen kann.

Oliver merkte, dass er selbst auf diesem Parkplatz vor den Tauben nicht sicher war, und parkte von da an auch anderswo. Na also. Alina hatte sich listig durchgesetzt und erzählte einige Tage später Oliver unter Lachen von ihrem kleinen Trick. Als die beiden an diesem Abend zusammen im Bett lagen, meinte Oliver: «Ich habe das Gefühl, irgendwie nervt dich das, wenn

Autoerotik

ich mich zu sehr ums Auto kümmere. Irre ich mich da?» Das fand Alina besonders lustig, weil sie eigentlich nie einen Hehl aus ihrer Abneigung gegen seine überzogene Autoliebe gemacht hatte. Sie hatte ihm oft klipp und klar gesagt: «Es geht mir auf den Nerv, wenn du dich so ums Auto kümmerst.» Aber das hatte offenbar keine Wirkung auf ihn gehabt. Der kleine Taubenschiss schon. Seltsam.

Oliver erklärte ihr sein Verhalten: «Weißt du, wir hatten damals nicht viel Geld, und ich bin jetzt stolz, etwas erreicht zu haben. Und das zeigt das Auto für mich eben auch. Aber wenn ich das damit vergleiche, wie stolz ich bin, mit dir zusammen zu sein, da hast du recht, ist aufs Auto geschissen.»

Putzen ist geil

Sehen wir der nackten Wahrheit ins schamlose Gesicht: Die meisten Männer haben keinen Bock aufs Putzen. Sie tun alles, um sich davor zu drücken. Männer veröffentlichen zum Beispiel Studien, die belegen sollen, dass Paare, bei denen die Frau brav putzt und der Mann nichts tut, besseren Sex haben. Genau so eine Studie liest auch Denis an diesem Samstag in seinem Männermagazin und träumt, gerüstet mit einem derart schlagenden Argument, von einem Nachmittag der Muße. Aber er hat die Milchmännchenrechnung ohne seine Frau gemacht.

«Hast du das gelesen, Iris? Paare, bei denen die Männer nicht putzen, haben besseren Sex.»

«Ach, und weißt du, was ich neulich in meiner Frauenzeitschrift gelesen habe? Männer, die glauben, ihre Frauen glaubten, was die Männer glauben, wissen nicht, dass die Frauen wissen, dass sie so etwas nie glauben dürfen.»

«Wwwwäh? Hä? Quatsch, du sträubst dich doch mit diesen vielen Worten nur wieder gegen ein gutes Argument.»

«Ja, das nennt man eine Diskussion, du Pfeife.»

Hier wäre die Geschichte beinah zu Ende gewesen, hätte Iris nicht einen genialen Einfall gehabt: «Aber wenn du so scharf auf scharfen Sex bist, mache ich dir ein Angebot.»

«Na also. Du putzt?»

«Nein, *du* putzt! Du wischst den Boden im Keller und das ganze Treppenhaus.»

«Aber dieses Angebot bekomme ich doch immer.»

«Ja, aber diesmal wartet auf dich eine sexuelle Sensation!»

Und mit diesen Worten eröffnete Iris ihrem Mann eine erotische Welt, für deren Eintritt er sich sofort seine rosa Putzhandschuhe anzog.

Der Trick: Sauberer Boden – Schmutziger Sex

Von Iris, 32, für ihren Mann Denis, 36

Um Denis zu beweisen, dass männliches Putzen sehr wohl mit gutem Sex in Einklang zu bringen war, versteckte Iris im Putzareal ihres Mannes kleine Zettel. Die Zettel waren Gutscheine, die ihm sexuelle Praktiken versprachen, aus denen er frei wählen durfte. Der Haken: Er konnte diese Zettel nur finden, wenn er überall gewissenhaft sauber machte. Damit die Spannung stieg, verteilte Iris 10 Zettel, die durchnummeriert waren und sich jeweils auf einen anderen Zettel bezogen. Auf dem ersten Zettel stand der Heißmacher und auf dem zweiten die Erfüllung seiner Träume. So bezog sich zum Beispiel Zettel 1 auf Zettel 10, Zettel 2 auf Zettel 5, Zettel 3 auf Zettel 7 und so weiter. Auf dem ersten Zettel stand: «Ich werde dich gleich mal so richtig ...»

Unbedingt wollten wir wissen, was Iris auf die weiteren Zettel geschrieben hatte. Aber leider, leider kam sie uns mit einem Wort, das wir erst nachschlagen mussten: Diskretion. So weit, so schlecht. Immerhin wäre das hier ja ein anständig versauter, aber doch ganz legaler Beziehungstrick. Aber nein, die lustige Iris hatte den letzten Zettel am Ende der Arbeitsstrecke versteckt. Dort, wo ihr Ehemann schon mit sabbernder Schnauze stand, das heißt, er brauchte kaum Wasser zum Wischen. Denis fand den Zettel Nummer 10, der sich auf den Zettel Nummer 1 «Ich werde dich gleich mal so richtig ...» bezog. Er klappte ihn auf und las:

Nr. 10 (1 + 10)
... an der Nase herumgeführt haben! Reingelegt!
Du kleiner, geiler Putzteufel :-)

Tja, Denis, es wird wohl nichts mit dem schmutzigen Sex. Aber Iris hat jetzt eine saubere Wohnung und einen geilen Ehemann. Kann sich eine Frau mehr wünschen? Wohl kaum.

«So ein Luder!», schimpfte Denis. Aber war es nicht das, was er sich insgeheim gewünscht hatte, ein Luder? Na also. Dann sind ja alle befriedigt.

Väter der Klamotten

Gertrud ist jetzt 78 Jahre alt und mit ihrem sieben Jahre älteren Mann Josef seit 52 Jahren verheiratet. «52 Jahre, ich hätte auch nie gedacht, dass ich das durchhalte. Aber wenn man die Zähne zusammenbeißt, dann geht das.» So einen Satz hört man heute selten. Denn «Willst du durchhalten und mit mir bis an das Ende unserer Tage die Zähne zusammenbeißen?» ist eine wenig romantische Liebeserklärung. «Man muss sich durchsetzen», meint Gertrud, «sonst geht man unter neben den Männern. Ich habe mich immer durchgesetzt. Der Josef durfte nicht machen, was er wollte. Nee, nee! Ich weiß noch, wie er früher immer seine Klamotten auf den Boden geschmissen hat. Aber das hab ich ihm ausgetrieben.»

Vor etlichen Jahren:

«Jetzt heb gefälligst deine Hose vom Boden auf, das ist ja lebensgefährlich.»

«Ach Gottchen, ja, lebensgefährlich, wie sich das anhört.»

«Ja, das ist lebensgefährlich, wenn ich dir das sage. Wenn ich nachts zur Toilette gehe und falle über deine blöde Hose am Boden, dann breche ich mir noch was.»

«Ach, ja, dann leg sie halt weg.»

«Nein, *du* machst das! Das ist ganz einfach, *du* machst das. Fertig.»

«Herrgottsakrament, immer musst du sofort so rabiat werden. Mit dir kann man über nichts vernünftig reden.»

«Du bist ja nicht vernünftig, was soll ich da noch reden?»

«Mit dir gibt es keine Kompromisse, immer soll alles sofort radikal gemacht werden, was du willst.»

«Ach, du und deine Kompromisse, das kann ja nur ein fauler Kompromiss werden, weil du ein fauler Mensch bist.»

Der Trick: Der Hosenbodenkompromiss

Von Gertrud, 78, für ihren Mann Josef, 85

Josef hatte damals zwar Respekt, aber keine Angst vor seiner Frau. Außerdem war er schon immer vergesslich. Also zog er im Schlafzimmer wieder einmal die Hose aus und warf sie achtlos auf den Boden. Als Gertrud nachts zur Toilette musste, wäre sie beinah darüber gestolpert. Wütend machte sie einen Kompromiss ...

Am nächsten Morgen weckte ein aufgebrachter Josef seine Frau: «Gertrud! Gertrud!»

«Ja? Was gibt's denn zu schreien, Josef?»

«Das weißt du ganz genau! Bist du jetzt verrückt geworden?» Josef deutete auf den Boden. Dort lag eine Hälfte der Hose. Dann deutete er auf den Stuhl, dort lag die andere Hälfte der Hose. Gertrud hatte die Hose nachts mit einer Schere exakt in der Mitte durchgeschnitten.

«Ja, was ist damit? Du wolltest doch einen Kompromiss. Und das ist ein echter Kompromiss, oder etwa nicht? Die eine Hälfte auf dem Boden, die andere auf dem Stuhl.»

«Verrückt geworden, völlig verrückt geworden!» Mit diesen Worten stampfte Josef ab. Doch von nun an fürchtete er sich ein wenig vor seiner Frau und legte seine Hose immer brav auf den Stuhl.

Jetzt fragen sich vielleicht einige jüngere Paare: Und die bleiben trotzdem zusammen? Gertrud sagt dazu: «Zähne zusammenbeißen und durchhalten, das ist für heutige Beziehungen ja kein Standard mehr, das ist ja auch gut so. Aber bei jedem kleinen Problemchen davonzulaufen, ist eben auch keine Lösung. Heute ist es ja manchmal so: ‹Ach, der Hugo hat blaue Augen, die passen besser zu meinem Kleid›, und schon ist die Frau weg.» Obwohl es auch daran liegen könnte, meinte Gertrud, dass damals Sehhilfen noch nicht so verbreitet waren. «Die Sehkraft lässt ja mit dem Alter nach. Und das war auch immer gut so, vor allem im Bett. Denn wer zu scharf sieht, der wird nicht mehr so scharf.»

Danke, Gertrud, für diesen Gedanken, der für den Geburtenrückgang in Deutschland doch eine wirkungsvolle Lösung bereithält: einfach alle Optiker verbieten.

Was die Hose angeht – das war eine Arbeitshose, die Gertrud wieder zusammengenäht hat. Für Frauen ihrer Generation war Nähen ja selbstverständlich. Die Naht in der Hose hat Josef immer an diesen unerbittlichen Kompromiss erinnert, genauso wie Gertrud. Nur mit unterschiedlichen Gefühlen: Josef fürchtete sich ein wenig, und Gertrud grinste ein wenig.

Müll runterbringen?

Wir waren von Gertrud so beeindruckt, dass wir noch mehr über ihre Ehe mit Josef erfahren wollten. Sie schien ihren Mann ja ganz gut im Griff zu haben. Worauf Gertrud meinte: «Ach, das ist ja auch gegenseitig, er hat mich auch gut im Griff. Also haben wir uns beide gut im Griff, und so haben wir dann auch unsere Ehe im Griff. Aber man muss aufpassen, dass der Griff nicht zu fest wird. Das ist so wie mit den Schrauben. Mein Josef ist ja Schlosser gewesen. Wenn man eine Schraube mit dem Schraubenschlüssel zu fest dreht, dann dreht das Gewinde durch und ist kaputt. Drum sagt Josef immer beim Schraubendrehen: Nach fest kommt lose. So ist das mit der Ehe auch. Man muss auch mal wieder locker lassen können. Sonst dreht man durch, und die Ehe ist kaputt. Bei manchen modernen Beziehungen, glaube ich, ist aber die Schraube zu locker. Und da wird man ja auch verrückt, sagt man ja auch so, da ist 'ne Schraube locker. Das geht auch nicht gut.»

Wir lernen von Gertrud: Es kommt auf das richtige Spannungsverhältnis an. Bei ihr heißt das, wenn wir sie da richtig interpretieren: Ihr Mann hat zwar seine Freiheiten, muss aber alle anfallenden Arbeiten prompt erledigen. Dabei sind wir auf das Thema Müllrunterbringen gekommen. Das ist wohl das Klischee schlechthin, wenn es um das Verhältnis zwischen Mann und Frau geht. Wir dachten, zu diesem Thema gibt es nun wirklich nichts mehr zu sagen. Wir hatten nicht mit Gertrud gerechnet.

Der Trick: Mal richtig den Schuh fliegen lassen

Von Gertrud, 78, für ihren Mann Josef, 85

Gertrud: «Ich weiß gar nicht, was das immer soll mit diesem Müll-runterbringen. Warum ist das so ein Thema? Jeder der rausgeht, nimmt den Müll mit. Basta. Und wenn nicht? Na, dem Faulpelz würde ich was erzählen. Aber einmal, das muss ich sagen, einmal hat der Josef das auch nicht machen wollen. Das war, als ich am Wischen war vom Küchenboden, und der Müllsack stand mir dabei im Weg. Und da hab ich gesagt, er soll gefälligst den Müll-sack runterbringen. Erst wenn er sowieso runtergeht, hat er da gesagt. Na, da hab ich seine Schuhe, die er immer einfach unter die Sitzbank in der Küche stellt, statt in den Schuhschrank, da hab ich die genommen, die störten ja beim Wischen, und hab die aus dem zweiten Stock durchs Fenster nach draußen gewor-fen. Da fing der ganz schön an zu toben. Na und? Da musste er halt aufstehen, um seine Schuhe wiederzuholen. Und da hab ich natürlich gesagt: Ach, wenn du sowieso gerade runtergehst, mein Liebster, kannst du auch den Müll mitnehmen. Das hat er dann gemacht. Getobt hat er, aber er hat es gemacht. Und ich konnte in Ruhe weiterwischen. Also, überhaupt kein Problem mit dem Müllrunterbringen.»

«Ach, wenn du sowieso gerade …» Dieser Satz wurde unter uns zum Running Gag. Man kann ihn immer und überall benutzen. Holt der Mann die Post nicht rauf, wirft die Frau den Autoschlüs-sel aus dem Fenster. «Ach, wenn du sowieso gerade runtergehst, mein Liebster …»

Sitzt der Mann gemütlich im Sessel, und die Frau kreischt: «Du hast dich auf den Kuchen gesetzt», und der Mann springt auf … «Nein, doch nicht, aber, ach, wenn du sowieso gerade stehst, schenk mir doch noch etwas Kaffee nach.»

Wir werden diesen Trick noch häufiger anwenden. Und sollte sich jemand beschweren, den schicken wir zu Gertrud. Wir sind sicher, dass sie es mit jedem aufnehmen kann.

Die besten Argumente

Wie so viele Menschen sind auch Tina und Urs beeinflusst von der Diskussionskultur im Fernsehen. Damit ist nicht gemeint, dass sie sich vom Diskussionsstil früherer Nachmittagstalkshows inspirieren lassen. Urs wirft seiner Tina nie in einem rüden Ton vor: «Ey, nur weil isch dai Schwester un Freundin gschwängert hab, bissu voll asi drauf un lässt misch nur noch mit Kondom ran, ey. Voll asi von disch.» Nein, gemeint sind die allgegenwärtigen Abendtalkshows, in denen die Politiker sich gegenseitig Statistiken, Studien und Umfragen an den Kopf werfen, um ihren Standpunkt zu untermauern. Bei dem drögen Zahlenargumenteaustausch wünscht man sich manchmal einen echten alten Nachmittagstalkshowsatz zurück: «Nur weil isch als SPD de CDU und de CSU gefickt hab, soll isch jetzt bei de Grünen ein Kondom benutze? Ey, das is doch voll asi, ey!» Na ja, vielleicht auch besser nicht.

Wenn Urs mit Tina diskutiert, zum Beispiel über die Rolle der Frau in der Gesellschaft, versucht auch er, mit Statistiken, Studien und Umfragen zu argumentieren. Tina aber hat ihr Smartphone immer griffbereit und ist eine Meisterin der Internetrecherche. Oft kann sie Urs' Zahlen mit wenigen Klicks widerlegen: «Nein, das stimmt nicht, die meisten Frauen wünschen sich sehr wohl eine Vereinbarung von Beruf und Familie, wenn sie dabei von der Gesellschaft mehr unterstützt werden. Das zeigen die neusten Umfragen.» Ja, klar, daran ist nichts Verwerfliches. Tinas Zahlenrecherche ist völlig in Ordnung. «Nicht ganz legal» ist es allerdings ...

Der Trick: Faktenphantasie

Von Tina 34, für ihren Partner Urs, 39

... wenn Tina gar nicht mehr recherchiert. Nach den ersten Internetrecherchen, die Urs noch nachgeprüft hatte, merkte er, dass Tina mit ihren Daten immer richtiglag, also prüfte er nichts mehr nach und glaubte ihr. Das war ein Fehler. Denn wann immer sich die beiden jetzt über ein Thema uneins waren, oder sagen wir besser, immer dann, wenn Tina nicht wollte, dass die Welt anders ist, als sie es sich wünscht, und Urs sagte: «Die Mehrzahl der Frauen will doch gar nicht in Führungspositionen», schaute Tina in ihr Handy und log: «Doch, hier: 59,5 Prozent geben an, lieber in einer Führungsposition arbeiten zu wollen.» – «Aha, soso, na gut, aber überragend viel ist das ja nicht.» «Aber die Mehrheit», konstatierte Tina in gewissenhaft vorgebrachter Lügenhaltung. Wenn Urs meinte: «Frauen an der Macht sind genauso korrupt und gefährlich wie Männer», zückte Tina ihr Handy und fabulierte: «Oh, eine Untersuchung hat aber erst kürzlich ergeben, dass nur 19 Prozent der Frauen so korrupt sind wie ihre männlichen Kollegen.» Selbst wenn Urs aus dem Fenster schauen würde und sagte: «Oh, die Sonne scheint», würde Tina in ihr Handy schauen und kontern: «Nein, 78 Prozent der Meteorologen sagen, dass heute die Sonne nicht herauskommt.»

Warum macht Tina das? «Na, ganz einfach», sagt sie, «die Diskussionen enden doch oft im Streit, und dann ist es besser, wenn ich gewinne, und es ist Ruhe.» Sie macht das bis heute und kommt damit durch. Die Welt ist ungerecht. Und wir fragen uns natürlich: Ist so eine erstunkene und erlogene Rechthaberei moralisch irgendwie vertretbar? Aber klar ist sie das! Ja, wir haben Tina gefragt, und sie meinte: «95,9 Prozent der Frauen und 89,8 Prozent der Männer stehen so einer Haltung sehr positiv gegenüber.» Na dann. Wird wohl stimmen.

Statistiken, Umfragen und Studien sind im normalen Diskussionsalltag aber ohnehin nicht nötig, wenn wir uns anschauen, wie wir üblicherweise diskutieren.

Die häufigsten Argumente:

Zimmer mit Einsicht

In dem Dorf, in dem Alexander aufgewachsen ist, kam sein Kumpel, der Bauernsohn Jens, einmal mit finsterer Miene auf ihn zu. Als Alexander fragte, was ihm zugestoßen sei, antwortete Jens, er habe den ganzen Tag tote Ferkel aus einer Jauchegrube ziehen müssen. Die Abdeckung der Grube habe sich gelöst, und alle Ferkel seien nach und nach in die darunterliegende Jauchegrube gefallen. «Das ist die übelste Arbeit, von der ich je gehört habe», meinte Alexander und prägte sich dieses Bild der toten Ferkel und den Satz «tote Ferkel aus einer Jauchegrube ziehen» für die schlimmste aller Tätigkeiten für den Rest seines Lebens ein.

An einem Samstag über zwanzig Jahre später musste Alexander zusammen mit seiner Frau Fenster putzen. In seiner Erinnerung spielte sich ihr Dialog dabei ungefähr so ab:

«Kirsten, ich habe dir doch gesagt, ich habe die Fenster gerade geputzt, was hast du jetzt für ein Problem?»

«Da sind Schlieren.»

«Wo?»

«Hier, hier und hier. Überall Schlieren.»

«Ich sehe nichts, das Fenster ist sauber.»

«Du musst schräg gegen das Sonnenlicht gucken.»

«Warum?»

«Damit du die Schlieren siehst.»

«Warum soll ich mir Schlieren angucken? Wenn ich geradeaus gucke, ist das Fenster sauber.»

«Es ist eben *nicht* sauber, wenn man Schlieren sieht.»

«Ich sehe aber keine Schlieren.»

«Weil du nicht schräg gegen das Sonnenlicht guckst. Guck schräg gegen das Sonnenlicht, dann siehst du die Schlieren.»

«Ich will mir aber keine Schlieren angucken. Schlieren interessieren mich nicht.»

«Aber mich.»

«Gut, dann guck *du* dir die Schlieren doch an. Bitte schön, guck, guck!»

«Aber *du* sollst die Schlieren doch wegmachen. Du kannst sie aber nur wegmachen, wenn *du* sie auch siehst.»

«Eben. Aber ich sehe ja keine! Und ich sehe auch nicht ein, warum ich schräg gucken soll, um etwas zu sehen, was ich nicht sehen will, und dann auch noch wegmachen soll, obwohl ich es gar nicht gesehen hätte, wenn ich es mir nicht schräg angeguckt hätte.»

«Herrgott noch mal, aber *ich* sehe die Schlieren!»

«Ja, dann mach *du* sie doch weg!»

«Es ist aber *deine* Aufgabe, es ist *dein* Fenster in *deinem* Arbeitszimmer. Es sind DEINE SCHLIEREN!»

«ICH SCHENKE SIE DIR!»

«Wo willst du hin?»

«Ich gehe jetzt und ziehe tote Ferkel aus einer Jauchegrube. ZUR ERHOLUNG!»

Die Sonne scheint über Gerechte und Ungerechte. (Matthäus 5,45)

Der Trick: Im Glashaus mit Steinen werfen
Von Alexander, 44, für seine Frau Kirsten, 45

Zwei Monate später. Nicht nur die Beziehungen zwischen Mann und Frau können schwierig sein, auch die zwischen Mieter und Vermieter. Doch mit seinem Vermieter hatte Alexander Glück.

Er bot ihm wegen einer – ehrlicherweise muss man sagen längst überfälligen – Mieterhöhung an, die komplette Ostseite der Wohnung mit neuen Fenstern auszustatten, um Energie zu sparen. Der Handwerker werde sich bei ihm melden. Mit den alten Fenstern könne er machen, was er wolle, die würden so oder so auf dem Müll landen.

«Das heißt ja», überlegte Alexander, «ich kann auch mit dem Glas im Arbeitszimmer machen was ich will.» Am darauffolgenden Samstag stand wieder das leidige Fensterputzen an. Bevor Kirsten vom Einkaufen zurückkam, schnappte sich Alexander einen Hammer und schlug die Scheiben aus dem Fenster und aus der Tür. Er fegte die Scherben zusammen und war mit dem Ergebnis sehr zufrieden: «Keine Schlieren!»

Als seine Frau zum Putzeimer griff, wartete er voller Ungeduld und Vorfreude auf ihr Putzurteil. Sie betrat das Zimmer und Alexander präsentierte stolz sein Werk: «Nicht eine Schliere. Auch nicht, wenn ich schräg gucke. Selbst wenn ich mich auf den Kopf stelle und gucke, keine einzige Schliere.»

«Na, das glaube ich erst, wenn ich es sehe», meinte Kirsten, die noch mit dem Putzeimer beschäftigt war und so gar nicht bemerkte, was ihr bevorstand.

«Ja, hol ruhig deinen Lappen. Und jetzt guck.»

Kirsten stellte sich schräg in Position, um gegen die Sonne zu schauen, und traute ihren Augen nicht.

«Da sind ja tatsächlich ..., da spiegelt sich überhaupt nichts, da ... hääää?»

«Wie bitte?»

«WO SIND DIE SCHEIBEN?»

«Weg. Aber jetzt kommt das Beste: die Schlieren auch! Für immer! Selbst wenn du noch so schräg gegen die Sonne ...» Kirsten unterbrach ihn entgeistert.

Zimmer mit Einsicht

«Was hast du gemacht? Hast du die Scheiben eingeschlagen, oder sind die dir aus Versehen da rausgefallen? Nein, das kann doch nicht wahr sein.»

«Kirsten, ich wollte gerade sagen, auch wenn du schräg gegen die Scheiben ...»

«Ich fasse es nicht, ich fasse es einfach nicht ... ich ...»

Kirsten fürchtete sich. Und wenn sie das tut, weil sie eine allzu bedrohliche Situation heraufziehen sieht, kippt ihre Energie nach innen, sie wird ruhig und versucht, ganz behutsam zu sprechen.

«Gut, Alexander, ich merke, du bist vom Fensterputzen gestresst, das kommt bei mir deutlich an, dir geht es nicht gut damit, richtig?»

Alexander kennt dieses Verhalten sehr genau, er wollte seinen kleinen Beziehungstrick aufklären, konnte sich aber eine Bemerkung nicht verkneifen.

«Doch, jetzt wo die Schlieren für immer weg sind, geht es mir sogar sehr gut. Es geht mir super, es ging mir nie besser. Nie wieder Schlieren.»

Kirstens Blick sagte Alexander, dass sie jetzt kurz davor war, den psychiatrischen Notdienst anzurufen, und er löste die Geschichte auf. «Ich breche die Fenster raus, weil wir Montag neue bekommen, hahaha! Was ist? Dein Gesicht sieht gar nicht sonnig aus, auch nicht, wenn ich so schräg gucke!»

«Komisch, Kirsten hat nicht gelacht», erzählte Alexander später. «Erst am Abend konnte sie über die ganze Situation und sich selbst schmunzeln. Und weil ich mich entschuldigt habe, kam bei ihr doch tatsächlich so etwas wie Selbstkritik hoch. Ja, sie meinte, vielleicht, also ganz vielleicht hätte sie ja mit dem Putzen auch etwas übertrieben.» Kurz, beide freuten sich über die neuen Fenster, die beide bestimmt prima putzen werden, auch wenn sie bei Alexander nicht so ganz schlierenfrei werden.

Doch es kam etwas anders. Der Handwerker rief am Montag-nachmittag an, dass er es diese Woche nicht schaffen werde. Es werde noch eine Woche dauern. Und so musste Alexander eine Woche lang ohne Fensterscheiben im Zimmer sitzen. «Hast du es gut», frotzelte Kirsten, «so einen klaren Blick kriegst du nie wieder.»

Nachmachen?

Nein, das stimmt, diesen Trick kann man nicht so einfach nach-machen. Das heißt, kann man schon, aber ob sich der Aufwand lohnt? Was, wenn die Erkenntnis beim Partner ausbleibt und man die nagelneuen dreifachverglasten Sprossenfenster kurz und klein gekloppt hat? Nein, wir denken, wenn es so weit ist, sollten Sie sich vielleicht besser nach einem neuen Partner als nach einem neuen Fenster umsehen.

Du bist nicht ganz sauber

Nils arbeitet im mittleren Management, er organisiert und delegiert gern, auch im Haushalt: «Ich finde, jeder sollte seinen Teil zur Arbeit beisteuern. Mir liegt das Putzen zum Beispiel überhaupt nicht, das könnte Alessia erledigen. Und ich würde dann andere Tätigkeiten übernehmen wie Gartenarbeit oder so was Ähnliches.»

Na, das hört sich von Nils doch sehr fair und vernünftig an, oder? Mensch, der Nils, ein superfairer Manager. Toller Nils. Seine Fairnessrechnung ist wirklich phantastisch, und sie hat wirklich, wirklich nur ein miniklitzekleines Häkchen: Es gibt keinen Garten. Und «so was Ähnliches» gibt es auch nicht. Demnach sieht die faire Rechnung von Nils so aus:

Nils: Vollzeitjob + 0 = relativ angenehmes Leben.

Alessia: Vollzeitjob + Vollzeithausarbeit = relative Arschkarte.

Und eine Putzfrau? Das ist eine gute Idee. Aber: Die beiden sparen für ein Haus, mit Garten (ob Nils darin arbeiten wird, bleibt abzuwarten), und darum, darauf haben sich beide geeinigt, sind besondere Ausgaben wie Putzfrau gestrichen. Davon unabhängig erwartet Alessia in ihrer grenzenlos liebenswürdigen Naivität eine gleichberechtigte Beziehung, in der auch unangenehme Arbeiten wie Putzen gleich verteilt werden. Das bedeutet: Nils muss Fenster putzen!

Furchtbar, oder? Fenster putzen? Ein Mann? Gut, als Fassadenkletterer am Wolkenkratzer hat das etwas Abenteuerliches, aber in einer stinknormalen Wohnung im Erdgeschoss? Entwürdigend. Doch, doch, das muss es sein. Jedenfalls kann man diesen Eindruck gewinnen, wenn man bemerkt, wie sehr Nils diese Arbeit verabscheut. Und wie wir beim Schreiben gemerkt haben, ist er kein Einzelfall. Manche Männer würden vermutlich eher auf dem Straßenstrich anschaffen gehen, als vor den Augen der Welt einen Lappen in die Hand zu nehmen. Nils ist nicht anschaffen gegangen, er hat das getan, was er am besten kann, er hat delegiert. Und zwar an Professionelle. Moment, nicht, was Sie meinen, sondern ... obwohl, aber, ach, sehen Sie selbst.

Der Trick: Klare Verhältnisse?
Von Nils, 37, für seine Partnerin Alessia, 34

Arbeitet Nils abends länger in der Firma, stößt er fast immer auf den Reinigungsdienst. Seit über einem Jahr arbeiten dort dieselben zwei Putzfrauen. Dieses Mal beließ es Nils nicht bei einem lockeren «Hallo» im Vorübergehen. Dieses Mal trat er nah an die beiden Frauen heran und fragte sie in einem fast verschwörerischen Ton: «Äh, Sie sind ja in diesem Fach quasi doch Professionelle, und äh, machen Sie auch Hausbesuche?» Die beiden wussten zunächst nicht so recht, wie sie das einordnen sollten. Erst als Nils hinzufügte «Es wäre allerdings wichtig, dass meine Frau davon nichts mitbekommt», schauten sie ihn empört an. Dank seiner rhetorischen Fähigkeiten konnte er dieses Missverständnis aber doch noch aus dem Weg räumen und sich mit ihnen auf ein «Homecleaningmeeting», wie er es nannte, einigen. Damit alles glattlief, hatte er den beiden nicht einfach seinen Wohnungsschlüssel übergeben. Er nahm sich ein paar Stunden frei und traf sich mit ihnen nach der Mittagspause vor seiner Wohnungstür.

Hier müssen wir kurz unterbrechen. Als wir diese Geschichte von Nils weitererzählten, wurde uns an diesem Punkt gesagt: «Das würde ein Mann nie machen, das würde doch auffliegen, die

Nachbarn würden der Freundin doch stecken, dass da irgendwas Perverses läuft. Nein, so doof kann doch keiner sein und am helllichten Tag mit zwei Frauen bei sich einkehren, während seine Freundin nicht zu Hause ist.» Was sollen wir darauf sagen? Er hat' es einfach getan. Warum? Vielleicht, um sich zu beweisen, dass er das Unvermeidliche eben doch vermeiden kann, und weil er sich dabei in einem Überlegenheitsgefühl des Delegierens suhlt. Vielleicht ist es auch irgendein archaisches Männermanagerdingsbums, wir schnallen es auch nicht. Was soll's. Aber weiter.

Man muss sagen: Es lief hervorragend. Die beiden Professionellen putzten die Fenster minutenschnell streifenfrei sauber. Und da fragte er sich schon: Wo ist denn eigentlich das Problem beim Putzen, wenn die das so schnell können? Aber diesen Gedanken hatte er nur ganz kurz. Er saß einfach da, grinste und genoss die Vorstellung, was wohl Alessia sagen würde, wenn sie abends die sauberen Fenster erblickte. Dann müsste sie seine Großtat rühmen. Natürlich müsste er sie noch davon überzeugen, dieses Wunderwerk auch tatsächlich selbst vollbracht zu haben. Das kam ihm dann aber auch wieder nicht als ein so unlösbares Problem vor.

Schließlich war er ein ausgezeichneter Schauspieler, zumindest glaubte er das, und dachte gerade daran, wie er damals in der Schulaufführung beim Krippenspiel ohne Stottern einen der Heiligen Drei Könige gegeben hatte, da standen auch schon die zwei Putzfrauen vor ihm. Sie wollten weder Weihrauch, Myrrhe noch Gold, sondern einfach nur Geld. Er bezahlte sie, nicht gerade königlich, aber ordentlich, und sie fuhren zurück.

Einige Zeit später hörte er, wie Alessia den Schlüssel im Schloss herumdrehte. In ihm stieg eine leicht kribbelnde Nervosität auf, als sei er wieder ein Kind und heute Weihnachten. Aber außer einem gewöhnlichen «Hallo» und einem gewöhnlichen Kuss gab es gar nichts. Sie schaute nicht einmal aus dem Fenster. Er stellte sich betont unauffällig vor das Fenster, um ihren Blick zu provozieren. Nichts. Schließlich säuselte er unverständliches Zeug wie: «Hier, hmm, hier, hmm, gucken.» Erst nach geschlagenen zehn Minuten blickte Alessia auf das Fenster, und es entfuhr ihr ein: «Ohhhh!»

«Ja, oder?», brach es aus Nils hervor. «Super, oder?»

«Das warst du? Das ist wirklich goldig, ich bin beeindruckt. Super, echt super, Schatzi!»

Nils suhlte sich im unverdienten Lob seiner Frau, bis sie sagte: «Mensch, das ist ja gut. Das machst du ab heute immer!» Da ließ seine goldige Entzückung spontan etwas nach. Aber sein Trick, sich heimlich professionelle Hilfe zu holen, hatte geklappt. Und hier jubeln jetzt vielleicht einige, die sich das für sich und ihre Wohnung auch gut vorstellen können. Es kann zweifellos gutgehen, es kann aber auch …

Nachtrag:

… das passieren, was einige schon zu Beginn der Geschichte erwarteten. Kaum eine Woche später fragte die Nachbarin Alessia, ob die beiden Damen, die sich mit ihrem Freund getroffen hatten, Verwandte seien, und fügte hinzu, dass es ja wohl nur ein Kurzbesuch gewesen sei. Alessia entglitten die Gesichtszüge: «Verwandte? Zwei Damen?» Diese Nachfrage reichte der Nachbarin schon, um ihrer Fremdgehspekulation fette Nahrung zu geben. Oder besser gesagt, sie dachte, der nette Nils hätte sich zwei Nutten bestellt.

Alessia war stinksauer, verlangte Aufklärung und wäre voll-

Du bist nicht ganz sauber

kommen ausgerastet, hätte Nils nicht die sauberen Fenster als Beweis liefern können. Nils erzählte die Geschichte seinem Kumpel Arthur, der daraus für sich die ideale Affärenverschleierung ableitete: «Ich buche eine Putzfrau, und währenddessen kann ich es mit meiner Geliebten im Schlafzimmer treiben. Und dann kann ich immer noch sagen, ey, Schatz, das war eine Putzfrau, hier, alles sauber.» – «Gott sei Dank kommen nicht alle auf so miese Ideen wie du, sonst wäre ich jetzt Single», meinte Nils.

Und das Ende? Nils und Alessia sind noch zusammen. Und Nils muss Fenster putzen. Ohne fremde Hilfe. Er hat sich daran gewöhnt, und es ist irgendwie doch nicht ganz so entwürdigend wie der Blick der Nachbarin, die immer noch glaubt, er habe sich mit zwei Professionellen vergnügt.

Als Alessia ihrer Freundin Fiona diese Geschichte erzählte, waren sich beide darüber einig, dass Frauen vor einer Beziehung definitiv mehr über die negativen Eigenschaften von Männern in Erfahrung bringen müssen. «Das mit seiner totalen Putzverweigerung», meinte Fiona, «das hättest du im Prinzip von seiner Ex erfahren können. Klar will man da meist keinen persönlichen Kontakt. Aber es gibt so viel dummes Zeug im Internet, warum gibt es eigentlich keine Seite, wo die Exfreundinnen etwas zu ihren Exfreunden schreiben? Also quasi so eine Art Erfahrungsbericht. So wie eine Produktrezension bei Amazon.»

Eine Produktrezension wie bei Amazon? Ist das eine gute Idee?

Partnerrezensionen

 29

2,0 von 5 Sternen

Sagen Sie Ihre Meinung zu diesem Partner

Partnerrezension verfassen >

Alle 29 Partnerrezensionen anzeigen >

Die hilfreichsten Partnerrezensionen

11 von 14 Partnern fanden diese Rezension hilfreich

 Hielt nur einen Monat, nicht zu empfehlen
Von Melanie Fischer am 8. April 2014
Verifizierte Ex

Bin von Udo total enttäuscht. Schon am Anfang, als ich ihn auspackte, war er nicht das, was ich mir versprochen hatte. Optik wirklich nicht mehr neuwertig. War in der Unterhaltung sauteuer, war ständig unter Strom. Machte nachts seltsame Geräusche. Irgendwann fing er auch noch an komisch zu riechen.

5 von 9 Partnern fanden diese Rezension hilfreich

 Gut für alle, die nicht nach mehr streben
Von Cordula Schmitz am 15. Mai 2012

Macht Spaß, für drei Monate okay. Man darf in dieser Klasse nicht zuviel erwarten. Man kann ihn halt nicht überall mit hinnehmen, ins Restaurant oder so ... Aber das weiß man ja.

Du bist nicht ganz sauber

Normale Vergesslichkeit

«Wie kann man denn vergessen, wo man sein Auto geparkt hat? Das kapier ich einfach nicht!» Wer seine Freundin in einem so rauen Ton anherrscht, nur weil sie nicht auf Anhieb ihr Auto im riesigen Parkhaus wiederfindet, kapiert wirklich nicht viel.

Denn wie man etwas vergisst, ist doch nun wirklich ganz einfach zu verstehen: Indem man sich nicht mehr daran erinnert. So einfach ist das, lieber Sven. Das passiert jeder und jedem mal, das gehört zum Menschsein dazu. Genauso dazu gehört es, seine Partnerin bei der Suche zu unterstützen. Falsch ist es, seinen Partner anzumaulen. Denn dann zieht sich dessen Muskulatur gestresst zusammen, die Blut- und damit Sauerstoffzufuhr zum Gehirn wird eingeschränkt, und das Erinnerungsvermögen sinkt. Loben wir den Partner, liebkosen ihn gar, entspannt sich die Muskulatur, und das Erinnerungsvermögen steigt. Liebkosen, das ist die Lösung. Es muss ja nicht sofort in wilden Parkhaussex ausarten. Obwohl, wäre die Liebkosungsmethode allgemein bekannt, würden vorbeigehende Parkhausbesucher den Parkhauskoitus vielleicht nur mit «Ach, die suchen ihr Auto» kommentieren.

Vom Liebkosen aber ist Sven weiter entfernt als seine Freundin Christina von ihrem Auto. Er versteigt sich sogar zu der Großspurigkeit, ihm müsse man schon aufschreiben, was er vergessen solle, denn sonst würde er überhaupt nichts vergessen. In solchen Momenten wünscht sich Christina, Sven sei das unauffindbare Auto. Weil Sven aber bis auf seine Merkfähigkeitssuperheldenattitüde ein passabler Freund ist, vergisst sie nicht ihn, sondern sein Benehmen. Jedenfalls bis zu dem Augenblick, als das Schicksal ihr die Möglichkeit bot, ihren Freund einmal in die Rolle des Vergessenden schlüpfen zu lassen und durch Mitgefühl ein besserer Mensch zu werden.

Der Trick: Das Rad kannste vergessen

Von Christina, 31, für ihren Freund Sven, 35

Auch Merkfähigkeitssuperhelden haben mal Geburtstag. Und weil sie außer Sich-was-merken-Können keine Heldenkräfte wie Fliegen besitzen, bekommen sie von ihrer Familie ein neues, schickes Citybike geschenkt. Und damit das gute Stück nicht sofort gestohlen wird, besorgte Christina auch noch ein absolut sicheres Fahrradschloss. Beim Kauf fiel ihr auf, dass nicht ein, sondern zwei Reserveschlüssel inklusive waren. Einer tückischen inneren Stimme folgend, behielt sie den Drittschlüssel.

Ein paar Tage später kam Christina von der Arbeit und sah, dass Sven sein neues Rad direkt vor der Haustür angekettet hatte. Sie öffnete das Schloss, schob das Rad zwanzig Meter weiter die Straße hinauf und kettete es dort an. Am nächsten Morgen kam sie mit Sven aus der Haustür, und das erhoffte Schauspiel begann.

«Wo ist denn mein Rad?»

«Ist was, Schatz?»

«Das hab ich doch hier vorne angekettet.»

«Wo meinst du?»

«Na hier, an der Laterne»

«Ach, bist du dir sicher?»

«Ja, ganz sicher.»

«Aber dein Rad ist doch nicht hier, oder? Also so ganz sicher kannst du dir da nicht sein.»

«Ich bin mir aber sicher. Dann ist es geklaut worden.»

«Aber das kann doch nicht sein, bei dem guten Schloss.»

«Ja, was weiß ich, hier ist es jedenfalls nicht mehr!», rief Sven.

«Ganz ruhig. Du hast vielleicht vergessen, wo du es hingestellt hast? Kann das sein? Vergessen?»

«Ich habe das nicht vergessen, wenn ich es woanders hingestellt hätte, würde ich mich daran erinnern!»

«Hätte, hätte, Fahrradkette», spottete Christina. Vielleicht etwas zu spitzzüngig, denn Sven war tatsächlich aufgeregt und verwirrt. Kein Wunder. Das muss ein schrecklicher Moment für den Merkfähigkeitssuperhelden gewesen sein, als er erkannte, wie seine Superkräfte schwanden. Wie gut, dass er in dieser schweren Stunde seine Freundin, die gutmütige ehrliche Seele mit den scharfen Augen an seiner Seite hatte. Nach sekundenschnellem Rundumblick rief Christina freudig: «Ach, da vorne! Da ist es!»

«Tatsächlich, ich hätte schwören können, dass ich es hier hingestellt hatte.»

«Ist doch nicht schlimm. Wir vergessen alle mal etwas. Ich erinnere mich daran, dass ich einmal vergessen habe, wo mein Auto stand. Also, halb so wild.»

Und so spürte der Superheld eine innere Verbundenheit zu den normalsterblichen Vergesslichen. Eine Verbundenheit, die ihn von da an menschlicher machte und liebenswerter. Und wenn sie nicht gestorben sind ... Wie geht's weiter? Haben wir vergessen.

Nachtrag:

Christina hatte richtig viel Freude daran gefunden, den Charakter ihres Freundes zum Besseren zu formen. Sie versteckte auch sein Handy. Und so wurde Sven noch viel verständnisvoller, was das Vergessen angeht. Jetzt darf sie ihn nur nicht daran erinnern, dieses Buch zu kaufen.

Vertrauen

Die Jugend hat viele Vorzüge. Einen bedeutenden hat Marcels Oma formuliert: «dass man immer Appetit hat». Ein Vorzug, den die meisten gesunden jungen Menschen genauso locker leicht als selbstverständlich hinnehmen wie den nächsten, der von Marcels Oma als noch bedeutender eingestuft wird: «dass man immer gut auf Klo kann». Das ist nicht weniger als der Kreislauf des Lebens. Nie und nimmer käme die Oma auf die Idee, ihre Lebensweisheiten auf eine Katze zu übertragen: «Hauptsache, die Katze hat immer einen guten Appetit, Hauptsache, die Katze kann immer gut auf Klo.» Ganz anders ist da Marcels Freund Julian, mit dem er kürzlich zusammengezogen ist. «Hast du Mimi auch gefüttert, Marcel?»

«Ja, habe ich.»

«Hast du sie auch wirklich gefüttert, Marcel?»

«Ja, habe ich.»

«Bist du dir da auch ganz sicher, Marcel?»

«Ja, bin ich! Guck da vorne, guck draußen hinterm Haus, und guck vorm Haus, die Katze hat überall hingekackt. Wie soll die das wohl machen, ohne zu fressen, na?»

Schnell wird klar, was das eigentliche Problem ist. Julian traut Marcel kein verantwortungsvolles Handeln zu. Und das, obwohl er in seiner Abwesenheit seiner Katzenfütterpflicht immer pünktlich nachkommt. Das ist der Nachteil, wenn man jung und noch nicht lang zusammen ist. Es fehlt einem die vom Leben geprüfte Erfahrung, dem anderen vertrauen zu können. Marcel leidet unter diesem Misstrauen. Aber wie er es auch anstellt, was er auch sagt, seine Worte prallen an Julian ab, anstatt aufgesogen zu werden wie Katzenkot von Katzenstreu … iiih.

Der Trick: Damit du groß und stark wirst

Von Marcel, 29, für seinen Freund Julian, 32

Als Marcel seine Mutter besuchte, betrat er das Zimmer seiner jüngeren Schwester Laura. Ein schwarzer Panther starrte ihn an. Gott sei Dank war es kein aus dem Zoo entlaufener, sondern ein lebensecht wirkender Stoffpanther. «Ist der nicht geil?», fragte Laura begeistert. «Den haben wir auf der Herbstkirmes gewonnen, sieht voll echt aus, oder?»

«Ich hab mir beinah in die Hose gemacht.»

«Guck mal, der ist auch komplett schwarz und hat grüne Augen, der sieht in bisschen aus wie eure Katze in groß.»

«Ja, wirklich, das stimmt.» Marcel überlegte und lächelte. «Kann ich mir den mal ausleihen?»

«Klar, wofür?»

«Ach, für so ein kleines Experiment.»

«Und ich krieg ihn wieder zurück?»

«Ja, vertrau mir.»

«Okay.»

Am nächsten Tag kam Julian von der Arbeit nach Hause und statt «Hallo, wie geht's dir?» waren seine ersten Worte wie üblich «Hast du die Katze gefüttert?».

«Ja, habe ich», entgegnete Marcel und ergänzte: «Ich glaube, sogar ein bisschen zu viel.»

«Wie zu viel? Was meinst du?»

«Sie hat gefressen und gefressen und hat nicht mehr aufgehört. Aber weil du immer sagst, ich soll sie füttern, habe ich das auch getan und sie gefüttert und gefüttert, ich glaube, sie frisst immer noch.»

«Was heißt das? Geht's Mimi schlecht?»

«Schlecht? Weiß nicht, aber sie hat sich etwas verändert.»

Julian zog die Tür zum Abstellraum auf, in dem der Fressnapf steht. Er schaltete das Licht ein und stieß einen markerschütternden Schrei aus. Angstvoll schlug er die Tür zu. Einem Herzkranken sollte man so etwas vielleicht nicht antun, es sei denn, ein vielversprechendes Erbe wartet. Marcel wusste, dass Julians Herz gesund ist, und lachte: «Na? Hab ich sie genug gefüttert? Ist sie groß und stark geworden?»

Gemein, oder? Dieser Marcel. Dabei ging es ihm nur darum, endlich mal das verdiente Vertrauen seines Freundes zu erhalten. Und das Gespräch nach dem Schreck war dafür eine gute Gelegenheit. Denn ohne Vertrauen kann schließlich keine Beziehung überleben.

Wie heißt es so schön in dem bekannten Gedicht von dem bekannten Dichter?

Wer seinem Freund versagt Vertrauen,
dem darf man auf die Finger hauen,
oder, weil hauen ist nicht gut,
erschrecken mit viel Übermut;
statt Finger geht's viel imposanter,
mit einem großen schwarzen Panther.

Oder nein, Moment, das war das unbekannte Gedicht von dem unbekannten Dichter. Aber wie geht noch mal das bekannte Gedicht von dem bekannten Dichter? Von diesem äh ... von diesem äh ... von diesem ahh! Ein Tusch für Wilhelm Busch!

Wer andern gar zu wenig traut,
Hat Angst an allen Ecken;
Wer gar zu viel auf andre baut,
Erwacht mit Schrecken.

Es trennt sie nur ein leichter Zaun,
Die beiden Sorgengründer;
Zu wenig und zu viel Vertraun
Sind Nachbarskinder.

(Die Nachbarskinder. Wilhelm Busch)

Keine Kunst aufzuräumen

Um Arbeit zu vermeiden, geben sich manche Menschen mit ihren Ausreden richtig viel Mühe. Das ist lobenswert, wollen wir alle doch nicht unter Niveau verarscht werden. Einer, der erheblich mehr Zeit auf die Ausreden als auf das Aufräumen verwendet, ist Jonas. Seine Freundin Sylvia scheint sich mit diesem Missverhältnis nicht ganz so gut arrangieren zu können wie er.

«Du hast ja immer noch nicht die Küche aufgeräumt. Ich mache das nicht schon wieder. Du hast alles versaut, jetzt machst du das auch wieder sauber.»

«Würde ich sehr gern, aber das entspricht nicht meiner momentanen mentalen Verfassung.»

«Was? Du meinst, du bist zu faul.»

«Nein, du interpretierst da etwas hinein. Ich bin dazu bereit, nur denke ich gerade über etwas anderes nach.»

«Du meinst, du bist sogar zu faul, um übers Aufräumen nachzudenken?»

«Nein, ich ordne zunächst meine Gedanken.»

«Ach so, du meinst, *du* räumst in deinem Kopf auf, und *ich* soll hier aufräumen?»

«Ja. Nein. Ich räume später auf. Denke ich.»

«Du denkst?»

«Ja, ich lasse das Chaos noch etwas auf mich wirken. Ich bin Fotograf, ich bin Künstler, Künstler brauchen das Chaos.»

«Das ist dein Argument? Künstler brauchen das Chaos?»

«Ja.»

«Tss, du hast keine Ahnung von Künstlern. Sonst wüsstest du, dass die ganz Großen immer die Ordnung gebraucht haben. Van Gogh zum Beispiel, der sich das Ohr abgeschnitten hat ...»

«Was ist mit dem?»

«Der war sehr ordentlich. Der hatte sogar einen extra Ordner für abgeschnittene Ohren.»

«Er hatte … Willst du mich verarschen?»

«Wer hat denn angefangen?»

«Du fauler Sack, jetzt räum endlich deinen Scheiß weg!», würde Sylvia am liebsten brüllen. Aber sie weiß, dass solche Aggressionen nicht Teil einer modernen Partnerkommunikation sein sollten. Darum sagt sie meist: «Ich finde es schade, dass du so denkst.» Doch schon im nächsten Augenblick denkt sie wieder: «Selbst Gandhi hätte ihm ordentlich in den Arsch getreten.»

Der Trick: Nackte Tatsachen
Von Sylvia, 29, für ihren Freund Jonas, 34

«Ich würde einen Nacktputzer engagieren», meinte ihre Freundin Britta, die Sylvias Klagen nicht zum ersten Mal hörte. Als Redakteurin einer Lokalzeitung hatte Britta gerade einen Mann interviewt, der mit dieser Beschäftigung satte 35 Euro pro Stunde verdient.

«So viel Geld ist mir ein nackter Mann nicht wert», entgegnete Sylvia.

«Schon klar, aber glaubst du nicht, dass so eine Aktion etwas bei Jonas auslösen würde? Wenn ein nackter Mann seine Arbeit übernimmt?»

«Ha! Klar, der würde komplett durchdrehen. Und ich wäre dann die total behämmerte Frau, die ihrem Mann so etwas antut.»

«Also ich würde das moderner kommunizieren: Du wärst eine

liebevolle Frau, die ihrem Partner einen emotionalen Anstoß zur Verhaltensoptimierung gibt.»

«Ja, stimmt, oder so.»

«Hier, der Typ hat mir ein paar Visitenkarten gegeben, damit ich Werbung für ihn mache. Ruf ihn an. Der ist nett. Nackt und nett.»

Am nächsten Tag betrachtete Jonas die Visitenkarte, die Sylvia absichtlich auf dem Küchentisch hatte liegenlassen. «Du willst doch wohl nicht ernsthaft einen Nacktputzer engagieren?»

«Nackt oder nicht, die Sache ist doch so: Du putzt nicht, ich ärgere mich. Hier ist es dreckig, mir geht's dreckig. Und die Alternative: Er putzt, ich habe Spaß. Hier ist es sauber, mir geht's sauber. Das sind die nackten Tatsachen.»

«Was bitte?»

«Na, der Fall ist für mich klar, das ist es mir wert. Gib mal her.» Sylvia griff nach der Visitenkarte und wählte die Nummer: «Beziehungsweise, ist es *dir* wert. *Du* zahlst das natürlich, es ist ja eigentlich deine Aufgabe. 35 Euro die Stunde, puh, ganz schön ...»

«Was machst du da? Rufst du den jetzt wirklich an?»

«Richtig. Wieso? Schlimm? Ich seh ihn ja jetzt noch nicht. Meinst du, er hört sich auch nackt an?»

«Du willst doch nicht ernsthaft einen Nacktputzer engagieren für das Geld? Hey, leg auf! Leg auf!»

Sylvia ließ sich nicht beeindrucken, und Jonas hörte, wie es das erste Mal beim Nacktputzer klingelte.

«Okay, warte, warum nicht eine normale Putzfrau, die zahle ich dann auch, versprochen.»

«Ach wirklich? Das glaube ich erst, wenn du mir hundert bar auf die Hand gibst.»

Jonas hörte, wie es das zweite Mal klingelte.

Keine Kunst aufzuräumen

«Hundert Euro?»

Jonas hörte, wie es das dritte Mal klingelte, dann ging jemand ans Telefon: «Adams Putzservice.»

Jonas knallte zwei Fünfziger auf den Tisch. «Hier!»

Sylvia schaute auf die Fünfziger und säuselte in den Hörer: «Ohhh, Entschuldigung, da habe ich mich verwählt. Vorerst.» Sie lachte und legte auf.

Sylvia nahm die beiden Fünfziger vom Tisch, wedelte damit vor Jonas' Nase herum und säuselte weiter: «Na, willst du dir nicht ein bisschen Geld verdienen, Babe? Fünf Euro die Stunde.»

«Fünf Euro?»

«Na, ich weiß doch, wie du nackt aussiehst.»

Jonas handelte den Preis für eine Stunde angezogenes Putzen auf 20 Euro hoch, fing sogar mit der Arbeit an, gab aber nach einer halben Stunde auf, weil das Ergebnis nicht Sylvias Wünschen entsprach. Sylvia engagierte daraufhin eine Putzfrau. Und die hätte Jonas niemals bezahlt, hätte Sylvia ihm nicht mit dem teuren Nacktputzer gedroht. Ob Sylvia tatsächlich den Nacktputzer engagiert hätte? Wir denken schon.

Einige Freunde und Bekannte von uns wollten nicht glauben, dass überhaupt irgendeine Frau einen Nacktputzer engagieren würde. Warum nur? Wir haben daraufhin im Internet nachgesehen, wie viele Nacktputzer es in der Nähe gibt. Es sind etliche. Und wenn wir als ökonomisch Halbgebildete davon ausgehen, dass die Nachfrage meistens das Angebot regelt, müssen doch wohl einige diesen Service in Anspruch nehmen. Andersherum ist es noch viel eindeutiger. Es gibt sehr viele Frauen, die sich als Nacktputzerinnen anbieten. Unglaublich. Wir sagen mal so, da gibt es noch sehr viel Arbeit für die GleichstellungsbeauftragtInnen.

Fauler Sack

Männer sind unerträglich faule Säcke mit der sozialen Kompetenz von fünf Metern Feldweg bei Buxtehude. Diesen Eindruck könnte man gewinnen, wenn man unsere kleine Trick-Sammlung als repräsentativ ansehen würde. Ist sie das? Wir schreiben nur das auf, was uns zugetragen wird. Das heißt, vielleicht ist es Zufall, dass in unserem Buch über 60 Prozent der Tricks von Frauen ausgehen. Diese Frauen sehen offenbar ein Problem und suchen nach einer kreativen Lösung. Oder sie wollen ihren Mann auf sein, aus ihrer Sicht, suboptimales Verhalten aufmerksam machen. Vielleicht ist unsere Auswahl überhaupt nicht repräsentativ, aber es gibt eine recht glaubwürdige Statistik, die sagt, dass auch die meisten Scheidungsanträge von Frauen ausgehen. Nicht über 60, aber doch deutlich über 50 Prozent. 30 Prozent der Scheidungsanträge werden von Männern gestellt, der Rest einvernehmlich, wie es so schön heißt. So, was bedeutet das jetzt? Sind Männer generell mit wenig zufrieden und möchten einfach nur in Ruhe ihre Partnerschaft harmonisch leben, werden dabei aber von ständig herumnörgelnden Frauen gestört, denen man nichts recht machen kann und die dann auch noch die Scheidung einreichen? Oder sind Männer doch einfach unerträglich faule Säcke mit der sozialen Kompetenz von fünf Metern Feldweg bei Buxtehude? Wir haben unsere ganze soziale Kompetenz zusammengenommen und sagen: keine Ahnung.

Henriette aber hat nicht nur eine Ahnung, sondern sogar eine Gewissheit. Auch wenn ihr Feldwege bei Buxtehude total egal sind, denn es geht ihr nur um ihren Garten, weiß sie auf jeden Fall: «Männer sind unerträglich faule Säcke!» Wie sie darauf kommt? Ganz einfach. Sie sagt: «Seit drei Wochen rede ich auf den Klaus ein, der soll den Garten umgraben. Und der sagt dann immer: ‹Ja, man müsste mal ...› Er sagt immer: ‹Man müsste mal ...› Ich sage: ‹Mach es, jetzt!› Aber er fängt dann wieder an: ‹Ja, man müsste auch mal die Hecke schneiden, man müsste mal die Dachrinnen sauber machen, man müsste mal den Schornstein ausbessern ... man müsste mal ...› In der Zeit, in der er redet, hätte er den Garten schon dreimal umgraben können. Aber nichts passiert! Nichts! Also den müsste man mal ...»

Der Trick: Schatz, suchen!
Von Henriette, 52, für ihren Mann Klaus, 54

Wie bekommt Henriette ihren Mann jetzt vom Reden zum Arbeiten? Wie kriegt sie ihn dazu, endlich mal den Garten umzugraben? Henriette hatte ihren Mann im Urlaub dabei beobachtet, wie er am Meer leidenschaftlich Muscheln und im Steinbruch genauso leidenschaftlich Fossilien, also versteinerte Schnecken und so etwas, gesucht und auch gefunden hatte. Er ist ein Schatzjäger. Henriette denkt, dass er demnach doch auch Lust haben müsste, ein paar Schätze im Garten zu suchen. Schätze, die sie dort jetzt gerade vergraben hat. Seltsamerweise war Klaus von dieser Idee nicht so richtig begeistert.

«Schatz, wo ist meine Uhr?»

«Das weiß ich nicht. Ich habe die irgendwo im Garten vergraben.»

«Was? Willst du mich auf den Arm nehmen?»

«Nein, wenn du den Garten umgräbst, findest du sie, wahrscheinlich.»

«Was heißt das? Weißt du, wie teuer die war?

«Ja, ich habe sie dir geschenkt. Keine Sorge, ich habe alles in Tupperware verpackt, stoß- und wasserfest.»

«Alles?»

«Ja, deine Kreditkarte und dein Handy natürlich auch. Und, ach ja, es ist ausgeschaltet, das heißt, du kannst es durch einen Anruf nicht orten.»

«Was? Wie? Warum?»

«Bitte?»

«Warum hast du das gemacht?»

«Weil der Garten umgegraben werden muss.»

«Aber das ... das ist ja Erpressung!»

«Nein, Schatz, ich kombiniere für dich einfach nur Arbeit und Vergnügen. Ich liebe es, wenn du arbeitest, und du liebst die Schatzsuche. Also Schatz, suche!»

«AHHHRRR!»

«Ich deute das mal als ein ‹Ja, gerne›.»

Klaus redete auf Henriette ein, aber sie blieb stur: «Das geht alles von deiner Zeit ab, Schatz. Überleg mal, morgen ist Sonntag, da kannst du nicht graben. Und brauchst du Montag dein Handy nicht fürs Büro? Schatz? Na?»

Klaus kramte im Keller den Spaten hervor. Vielleicht fuhr ihm dabei ein Gedanke durch den Kopf, welchen «Schatz» man im Garten noch so vergraben könnte. Vielleicht dachte er auch an eine weniger kriminelle Möglichkeit, sich nicht seiner Frau, aber wenigstens seiner Arbeit entledigen zu können, indem er bei der Polizei einfach nur behauptete, seine Frau vergraben zu haben. Dann müsste die Polizei den Garten umgraben. Vielleicht hatte Klaus solche Gedanken, denn Henriette hörte klar und deutlich, wie er mit dem Graben anfing und «Dieses Biest!» zischte.

Ist Henriette ein Biest? Sie verwöhnte ihren Mann bei der Arbeit immerhin mit Essen und Trinken. So wie es sich für hart arbeitende Männer gehört, meinte sie. Und um sich an diesen Moment zu erinnern, filmte sie mit ihrem Handy immer dann,

Fauler Sack

wenn er eine Schatzkiste gefunden hatte. «Ich habe was!», rief er triumphierend. Und war sichtlich stolz. «Es war herrlich, einfach herrlich», freute sich Henriette. Es ist so schön, wenn er arbeitet ... und nicht redet. Da könnte ich mich glatt noch einmal neu in ihn verlieben.»

Allein ist man weniger zusammen

Weglaufen im Kaufhaus

Das Wort Partnersuche hatte Simone eigentlich nach der Heirat abgehakt. Im Kaufhaus bekommt es für sie aber regelmäßig eine neue Bedeutung. Ihr Mann Harald geht zwar mit ihr und den Kindern ins Kaufhaus hinein, aber spätestens nach fünf Minuten biegt er unversehens am Zeitschriftenstand ab, oder sie verliert seine Spur in den Abteilungen Handwerkerbedarf oder Autozubehör. «Und das in einem Kaufhaus mit dem beschissensten Handyempfang der ganzen Stadt», klagt Simone. «Das letzte Mal, als ich ihn nach einer halben Stunde gefunden hatte, stand er mit offenem Mund staunend vor einem Bildschirm, in dem ein Erklärvideo für Autopolitur lief. Wir haben auf unserer Hochzeitsreise den Grand Canyon besucht und haben vor den Niagarafällen gestanden, aber ich habe ihn niemals so fasziniert gesehen.»

Auch heute wollte Harald mal wieder den Spürsinn seiner Frau testen und war spurlos verschwunden. Mit ihren beiden Kindern Marie und Leon im Schlepptau – «Ja, das ist es ja gerade, ich bin mit den Kindern allein, und er haut einfach ab!» – suchte Simone natürlich als Erstes in der Autoabteilung. Harald war nicht da, der Bildschirm war inzwischen abgebaut worden. Vermutlich, weil zu viele Männer mit offenen Mündern sabbernd davorstanden. Simone war allein mit den Kindern, der Mann war weg, nicht zu erreichen, und er hatte auch noch das Geld. Was tun?

Der Trick: Ruferin in der Wüste

Von Simone, 32, für ihren Mann Harald, 35

«Von wem hat der Harald das nur?», fragte sich Simone. Und da fiel ihr ein, dass er es nur von seinen Kindern haben konnte. Denn wenn sie mit den Kindern im Kaufhaus allein unterwegs ist, toben sie immer wie wild herum, verstecken sich irgendwo in einer Umkleidekabine oder hinter Dekorationswänden. Da fiel ihr ein, dass sie einmal so verzweifelt war, dass sie ihre Kinder bei der Information hatte ausrufen lassen, woraufhin die beiden sofort schuldbewusst angetrabt kamen. Warum sollte das bei einem Mann nicht auch funktionieren?

Die Angestellte an der Information erkannte sie sofort wieder und lachte: «Na, Sie haben doch beide Kinder dabei, wen vermissen Sie denn heute?»

«Meinen Mann.»

«Aha, na dann weiß ich jetzt, woher die Kinder das haben. Soll ich ihn auch ausrufen?»

«Ja, das wäre nur gerecht.»

«Super, genau wie bei uns», rief Leon begeistert.

«Genau wie bei euch?», fragte die Angestellte. «Soll ich auch sagen, der kleine, äh …»

«Harald», warf Simone ein.

«Der kleine Harald bitte zur Information kommen?»

«Ja, bitte, sagen Sie das. Er soll bitte zu seiner Frau und seinen Kindern kommen.»

Die Angestellte drückte auf den Mikrophonknopf: «Der kleine Harald bitte sofort zur Information, der kleine Harald möchte sich bitte umgehend bei der Information melden. Seine Frau Simone und seine beiden Kinder warten auf ihn, der kleine Harald, bitte.»

Zwanzig Sekunden später sah man einen fünfunddreißigjährigen Mann mit rotem Kopf auf eine Gruppe aus Familie und Kaufhausangestellten zusteuern, die ihn mit breitem Grinsen empfing. «Da ist ja der kleine Harald», rief seine Tochter Marie. Alle lachten. Außer Harald. Er hatte sich einen wenig humorvollen Vortrag für diese schamlose Ausrufaktion zurechtgelegt, scheiterte dann aber im letzten Moment an seinem Charakter, der wenig nachtragend ist, und ließ ein sympathisches Schmunzeln erkennen.

Wo Harald denn dieses Mal abgeblieben war, fragten wir Simone. Sie drückte sich ein bisschen um die Antwort, musste dann aber zugeben, dass er wohl einen guten Grund für seine Abwesenheit gehabt hatte. Er war zur Toilette gegangen. Oder wie Marie es formulierte: «Der kleine Harald hat groß gemacht.»

Nerd ohne Leidenschaft?

Du, mein PC!

Du, mein PC, nein du tust mir nicht weh!
Speicherst fügsam meine Zeilen,
willst mein Leiden mit mir teilen.
Du, mein PC, nein du tust mir nicht weh!
Jedes Wort ist leserlich,
ja, du PC, du kümmerst dich.
Richtest alles, wie ich's mag,
wenn ich auch manchmal Dinge sag,
die dich in deiner Software kränken,
ach, lass uns nicht mehr daran denken.

Du, mein PC, nein du tust mir nicht weh!
Wie anders sind doch da die Frauen,
mit ihren langen, scharfen Klauen,
zerfetzen sie uns Geist und Seele,
kümmern sich nicht um Befehle.

Du, mein PC, nein du tust mir nicht weh!
Einzig hier an deinem Grab
schau traurig ich zu dir hinab,
weil's dein Ersatzteil nicht mehr gab
und halte die Laudatio.
Jetzt ist es so,
jetzt tut es weh,
du, mein PC.

Dieses Gedicht hätte auch der computersüchtige Ben, Marks Freund, schreiben können, der seine Wahl zwischen «Bit und Bitch» (Zitat!) bereits getroffen hat. Mark selbst hat diese Entscheidung noch nicht gefällt. Aber so wie es aussieht, wird seine Freundin Elisa das bald tun, wenn er so weitermacht wie bisher. Sie meint, er würde sich erst wieder für weibliche Wesen interessieren, wenn die ersten Roboterfrauen auf den Markt kommen, an denen er herumschrauben kann. «Du bist total leidenschaftslos geworden. Du hängst nur noch gefühllos und lethargisch vor deinem PC. Ich kann es echt nicht fassen, dass wir auf diesem Schreibtisch schon mal Sex hatten. Das muss im letzten Jahrhundert gewesen sein.» Elisa übertreibt schamlos, denkt Mark, und plant einen Trick, um ihr zu beweisen, wer hier der impulsive und leidenschaftliche Typ ist.

Der Trick: Der große Wurf
Von Mark, 29, für seine Freundin Elisa, 30

Mark schnappte sich seinen alten, kaputten Computer aus dem Keller und stellte ihn unter den Schreibtisch vor seinen neuen, der fast genauso aussieht. Er setzte sich vor den Bildschirm und schimpfte aus vollem Hals, sodass Elisa es nebenan mitbekommen musste. «Scheiß Kiste, scheiß PC, der will schon wieder nicht!» Prompt kam Elisa herein und spottete: «Will er nicht, wie du willst? Du musst zärtlich sein zu deinem geliebten Computer. Gib ihm doch ein Küsschen, vielleicht klappt's ja dann.» Mark ließ sich von Elisas Spott nicht aus der Rolle bringen. «Ich bin es leid, ich bin es echt leid», tobte er. «Du bist es leid? Und was ist die Konsequenz? Du verbringst gleich wieder drei Stunden mit dem Teil statt mit mir. Oder willst du dich von ihm scheiden lassen?»

«Ja, Scheidung auf Italienisch!» Und mit diesen Worten zog Mark den PC unter dem Schreibtisch hervor, riss die Terrassentür auf, warf den Computer in hohem Bogen auf den Terrassenboden, schnappte sich den von ihm bereitgestellten Vorschlaghammer und prügelte auf das arme Gerät ein, bis die Festplattenfetzen flogen. Elisa schaute Mark mit weit aufgerissenen Augen an: «Was soll das? Bist du irre? Hör auf! Lass das!»

Mark ließ den Vorschlaghammer sinken: «Wieso? Was hast du? Das ist Scheidung auf Italienisch. Jetzt bin ich nur noch für dich da. Na, bin ich nun leidenschaftlich, oder nicht?»

«Hä? Hast du sie nicht alle? Du zerkloppst einen PC für über tausend Euro, um mir das zu beweisen?»

«Ja klar, ich will nur dich, der PC ist mir egal, verstehst du? Wie wär's jetzt mit Sex on the desk?»

«Und jetzt willst du Sex? Und hör auf zu grinsen. Bist du jetzt ein Psycho?»

«Komm, Hasi, wie wär's mit 'nem Quickie?»

«Ich mache keinen Sex mit 'nem Psycho.» Elisa war total geschockt, sie erkannte ihren Mark kaum wieder. Schnell blickte sie sich um, konnte aber nirgends Drogen oder Alkohol entdecken.

«Hasi, ich bin doch kein Psycho, ich wollte dir nur beweisen, dass ich leidenschaftlich bin. Also, bin ich leidenschaftlich?»

«Ja!», rief Elisa. «Leidenschaftlich blöd!», und ging verwirrt und sauer ins Haus.

Mark merkte, dass Elisa wohl etwas unter Schock stand. Insgeheim aber feierte er seinen Sieg der Leidenschaft. Vom schlechten Gewissen geplagt, ging er nach kurzer Zeit mit seinem intakten neuen Computer unterm Arm zu Elisa.

«Hier, ich hab ihn wieder zusammengebaut.»

Elisa guckte den PC an: «Was? Wie willst du das denn gemacht haben?»

«Magie, Hasi, mit Magie.» Mark grinste über beide Backen, da schnallte Elisa, dass sie gerade auf den Arm genommen wurde.

«Du alter ... *Piep* ... du kleines ... *Piep* ... du ... riesen Stück *PiepPiepPiepPieeeep*!»

(Wir mussten die schlimmen Schimpfwörter von Elisa übertönen. Da waren Wörter dabei, die waren nicht nur nicht jugendfrei, die waren nicht mal erwachsenenfrei.)

«Ist es nicht seltsam?», meinte Mark später. «Da ist ein Mann leidenschaftlich, und dann ist das auch wieder nicht richtig.» Wir wollten Mark nicht erklären, wieso Frauen nicht immer auf Knopfdruck leidenschaftlich reagieren. Wir glauben, er kommt noch selbst darauf.

«Aber später, als Elisa sich von dem Schreck erholt hatte, na ja, da ...»

Ja, Mark? Wir hören! Details bitte!

«Das war schon richtig gut ... aber so etwas erzählt man nicht.»

Ohh, laaangweilig, Mark! Was sollen unsere Leser denken? Die haben sich schon auf Fesselspiele mit dem USB-Kabel auf dem Schreibtisch gefreut und so weiter. Und du erzählst nichts? Das ist wirklich unmoralisch.

Nachtrag:

Elisa meinte später, dass dieser Trick auch genauso gut andersherum geklappt hätte. Sie hätte sich den alten PC schnappen und ihn zerhacken können, um Mark reinzulegen. Nur ein Gedanke habe sie davon abgehalten: «Mark hätte sich bestimmt wie ein Leibwächter schützend vor den Computer geworfen.»

Marks spontane Leidenschaft war Elisas Meinung nach schon länger auf einem Tiefpunkt angelangt. Um ihm zu zeigen, dass er ungefähr noch so viel spontane Leidenschaft in sich trägt wie ein Lebewesen, das bei der Kreuzung aus einem Koalabärchen und einem mit Betablockern vollgepumpten Verwaltungsbeamten herauskommt, hatte Elisa die Idee, ihm einen Antrag zu schicken, wenn sie spontanen Sex will. Wie? Einen Antrag für spontanen Sex? Ja! Und der würde ungefähr so aussehen:

SSV-Antrag
Amtliches Antragsformular **S**pontaner-**S**exual-**V**erkehr

Antragsteller:

Amtlicher Kosename: Vorname: Nachname:

Gewünschter Austragungsort: Genaue Beschreibung:

Austragungszeit, Datum / Uhrzeit / Dauer:

Art der beantragten Sexualhandlung:

Besonderheiten, außergewöhnliche Stellungen, Rollenspiele:

Mitzubringende Verkleidungen, Hilfsmittel, Aphrodisiaka etc.:

Offiziell beantragt:
Ort / Datum: Unterschrift Antragsteller:

Antragnehmer:

Amtlicher Kosename: Vorname: Nachname:

Antragsannahme:

Ja ◯   Nein ◯   Begründung:

Ort / Datum: Unterschrift Antragnehmer:

Sie können diesen SSV-Antrag kostenlos auf www.johanneshayers.de herunterladen und ausdrucken, um mit Ihrem Partner gut geplant spontan zu sein.

Nerd ohne Leidenschaft?

Buongiorno, John Porno

Cora ist eine echte Berlinerin und eigentlich nicht so leicht aus der Ruhe zu bringen. Besser gesagt, sie ist immer leicht aufgebracht, da fällt die Unruhe nicht besonders auf. An diesem Tag aber wurde sie besonders unruhig. Sie griff sich das Tablet ihres Mannes, um die schnellste U-Bahn-Verbindung ausfindig zu machen, und fand statt der U-Bahn etwas ihrer Meinung nach viel Unterirdischeres: Pornos. «Det war allet voll mit die nackten Weiber, wo er sich wohl schon lange mit vergnügt, det war det reinste Wichsfigurenkabinett*. Da hab ick ihn natürlich drauf angesprochen.»

Ihr Mann Alex stellte sich aber nicht beschämt in die Ecke, sondern winkte gelassen ab. Er meinte, das sei ganz normal, das mache fast jeder Mann. Glaubt man den Statistiken, hat Alex recht. Und wie! Deutschland soll im internationalen Vergleich beim Pornokonsum sogar Weltmeister sein. Herzlichen Glückwunsch, Weltmeister!

Wenn das so ist, vermissen wir bei dieser Weltmeisterschaft aber einige Dinge. Wo bleiben die Wimpel an den Autos? Was ist mit Public Viewing und der Fanmeile in Berlin? Weltmeister im Pornogucken, unglaublich. Vielleicht denken die Deutschen

---

* Wichsfigurenkabinett – wir wurden tatsächlich gefragt, ob es das gibt. Sind das schon die Auswirkungen des deutschen Weltmeistertitels? Aber was sollte das bitte sein? Eine pornographische Entsprechung zum Wachsfigurenkabinett? Das gibt es nicht. Gut, vielleicht haben wir da jetzt jemanden auf eine Idee gebracht. Aber bis jetzt müssen Sie nicht in Berlin umherirren und ein Museum suchen, in dem man sich nackte historische Persönlichkeiten in verwegenen Stellungen anschauen kann. Nein, auch wenn wir jetzt einige «interessierte Historiker» enttäuschen müssen. Keine Masturbationsvorlagen wie Jeanne d'Arc oder Alexander der «Große». Nein, 333 war bei Issos keine Popperei, sondern eine Keilerei. Und ja, es bleibt beim Gang nach Canossa, kein Gang Bang nach Canossa. Ist es jetzt gut? Na also.

so wie Karl Kraus, der gesagt haben soll: «Der Beischlaf hält nie, was die Onanie verspricht.»

Aber ein Das-machen-alle-Argument von Alex bedeutet nicht automatisch, dass alle Partner damit auch gleich gut klarkommen. «Ick hätte ja nüscht dagegen, wenn det nur hin und wieder wär. Aber ick seh ja, er kann det nich lassen. Und wenn er nu süchtig wird? Ick hab gelesen, det zu viel Pornokonsum det Gehirn schrumpfen lässt. Und da hab ick ihm sofort gesagt, det er sich det wohl überhaupt nicht leisten kann.»

Cora ärgerte sich darüber, vor allem, weil sie sich zurückgewiesen fühlte. Die Pornodamen werden ihr vorgezogen. «Ja, aber det Allerschlimmste is ja, det seitdem weniger inne Kiste läuft. Er stellt munter auf Handbetrieb um, und icke liege da gelangweilt. Nee, det reflektiert der nich. Also hab ick mir watt ausgedacht, damit er mal merkt, wie mir zumute is.»

Der Trick: Der Krisenstab
Von Cora, 43, für ihren Mann Alex, 42

«Damit er kapiert, det hier ne Ehekrise im Anmarsch is, hab ick mir 'nen Krisenstab bestellt. Na, sach ma, wie heißt det Ding noch ma richtich? Vibrator. Genau.»

Das Gerät schreckte Alex auf. Ein batteriebetriebener Konkurrent? Jetzt fühlte *er* sich zurückgewiesen und austauschbar und meldete Gesprächsbedarf an. Er habe sich schon vorher zurückgewiesen gefühlt, meinte Alex. Cora habe seiner Meinung nach kein Interesse mehr gehabt, ihn zu befriedigen. «Jau, und wie oft war icke nich befriedigt? Et dreht sich allet nur um ihn. Ick hab ja och noch watt anderet zu tun, ick bin ja nich im Hauptberuf Diplombefriedigerin.»

Wie immer ging es mit Schuldzuweisungen los. Es endete aber damit, dass beide sich wieder mehr mit ihrer Sexualität beschäftigten. Cora hielt Alex zum Beispiel einen Artikel unter die Nase mit der Überschrift: «5 Lektionen, die Sie zum Sexgott machen». Als Alex meinte, die Lektionen kenne er schon, konterte Cora: «Watt? Rein, raus ... da fehlen dir aber noch drei.»

Das beste TV-Programm

Es soll Paare geben, die harmonisch nebeneinander auf dem Sofa hocken und in die Röhre glotzen, oder moderner gesagt, aufs Flat. Für Philipp und Isabell wäre das ein Fantasyfilm. Die beiden können sich bis auf die *Tagesschau* auf gar nichts einigen. Während Philipp Haudrauf-Actionmovies braucht, um sich abreagieren zu können, braucht Isabell Liebesfilme, um sich ausheulen zu können.

Philipp: «In deinem Kitschfilmchen weiß ich doch nach einer Minute, dass die beiden zusammenkommen.»

Isabell: «Na und, auf das Wie kommt es an. Bei deinem blöden Ballerfilm weiß ich auch nach einer Minute, dass der Typ alle umbringt.»

Philipp: «Ja, aber auf das Wie kommt es an. Es ist nur schade, dass er die beiden Knalltüten aus deiner Liebesschnulze nicht auch abballern kann, das würde uns eine Menge Schmalz ersparen.»

Formuliert Philipp da etwa beiläufig die Zukunft des Fernsehens? Können wir demnächst mit einem Film in einen anderen einbrechen und ihn umgestalten? Was würde passieren? Killt der Terminator Bridget Jones? Oder heiratet er sie? Oder zeigt Boxlegende Rocky Balboa dem Christian aus *Shades of Grey* mal was echte Prügel bedeuten? Phantastische Aussichten! Aber bis es so weit ist, muss wohl jeder des anderen Film ertragen. Oder besser gesagt: Muss Philipp unter den Liebesfilmen seiner Freundin leiden. Denn fast immer gewinnt Isabell, wenn es darum geht, den Film auszusuchen. Es sei denn ...

Der Trick: Einfach mal umschalten

Von Philipp, 31, für seine Freundin Isabell, 27

Philipps Freund Paul erzählte ihm von einem Streich, den er als Kind zusammen mit seinem Bruder einem Nachbarn gespielt hatte. Weil Pauls Familie den gleichen Fernseher wie ihr unausstehlicher Nachbar besaß, versteckten sich die beiden Jungs mit ihrer Fernbedienung unter dessen Wohnzimmerfenster und schalteten den Fernseher nach Belieben an und aus, bis der Nachbar seinen Kasten tobend ausschaltete. Heute könne man so etwas ja ganz leicht mit einer Universalfernbedienung hinkriegen, meinte Paul. Philipp fragte nach: «Ach, du meinst, ich könnte mir so ein Ding kaufen und dann ... ohhh, das wäre ja ganz schön gemein.»

Für 9,99 Euro besorgte sich Philipp im Fachhandel die One-for-all-Smart-Magic-Fernbedienung, und der Spaß konnte beginnen. Kaum legte sich Isabell aufs Sofa, um ihren Liebesfilm zu gucken und nicht etwa den Actionfilm, den Philipp sehen wollte, kam Philipp hinzu und ließ sich in den Sessel fallen. Unauffällig grub er seine Hand in die Sesselritze, wo er zuvor die neue Fernbedienung versteckt hatte. Als er die erste schmalzige Szene sah, ...

«Ich liebe dich, für immer liebe ich dich ...»

... schaltete Philipp auf den Actionfilm um, wo ein Gangster rief:

«Du bist tot, du weißt es nur noch nicht ...»

«Oh, shit, bin auf die Taste gekommen», entschuldigte sich Isabell, schaltete wieder um und legte die Fernbedienung vor sich. Wie sollte sie sich das auch anders erklären? Philipp machte weiter.

Liebesfilm: «Wenn meine Mutter erfährt, dass ich bei dir bin, aber ich kann ...»

Philipp schaltete um.

Actionfilm: «... dir das Hirn rausblasen, wenn du anständig bist, oder ich mache es auf die lange, schmerzhafte Tour, deine Entscheidung ...»

«Ey, was ist das denn?» Isabell schaltete um.

Liebesfilm: «Ich muss immer an dich denken ...»

Philipp schaltete um.

Actionfilm: «Da guckst du, was? Du kleines Stück Scheiße!»

«Menno, ist die Fernbedienung kaputt?»

Philipp schaute konzentriert: «Keine Ahnung, du hast doch das Ding in der Hand. Was machst du denn damit?» Und so ging es immer weiter.

Liebesfilm: «Weißt du, Helen, ich habe noch nie eine Frau wie dich getroffen ...»

Actionfilm: «... mitten zwischen die Augen, und den Mann habe ich geliebt. Kannst du dir vorstellen, was ich mit dir mache, wenn ich ...»

Liebesfilm: «... dich in meinen Armen halte und dann ganz zärtlich ...»

Actionfilm: «... in die Fresse haue, als Vorspiel, zum Warmwerden ...»

«Eyyy, scheiß Teil!» Isabell stand auf, schaltete den Fernseher an und wieder aus und setzte sich wieder hin.

Philipp: «Guck mich nicht so an, *du* hast die Fernbedienung.»

«Ich hab bald keine Lust mehr, kannst du das blöde Teil nicht heil machen?»

«Ich? Nee. Wie denn? Vielleicht ein Wackler irgendwo, keine Ahnung. Ich bin kein Fernsehtechniker.» Und es ging weiter.

Liebesfilm: «Wir werden aber immer auf der Flucht sein, wenn deine Mutter ...»

Das beste TV-Programm

Actionfilm: «Du kleiner Bastard, wo ist mein Geld? Ich frage dich jetzt ein letztes Mal ...»

Liebesfilm: «Liebst du mich? So wie ich dich?»

Actionfilm: «Du wirst es mir schon verraten, wenn ich dir erst die Eier abgerissen habe.»

Liebesfilm: «Für immer und ewig, ja, für immer und ewig ...»

Actionfilm: «Aber erst polier ich dir die Fresse ...»

Liebesfilm: «... ein Gesicht wie ein Engel.»

Actionfilm: «... und dann werfe ich dich den Fischen zum Fraß vor.»

«Ahhhh, ich halt das nicht mehr aus. Ich lese jetzt ein Buch, scheiß Fernseher.»

Isabell sprang auf, schaltete den Fernseher aus und ging ins Bett.

Philipp nahm ihre Fernbedienung, stellte den Fernseher wieder an und merkte, dass er nichts verpasst hatte.

Actionfilm: «Wenn du mich verarschst, bringe ich dich um, aber erst poliere ich dir die Fresse.»

Philipp: «Ahh, herrlich!»

Ein einziges Mal konnte Philipp diesen Trick noch anwenden, dann wurde Isabell sehr ärgerlich und bestand darauf, die Fernbedienung auszutauschen. Kein Problem für Philipp, er hatte ja bereits eine gekauft und führte sie am nächsten Tag vor. «Hier, guck, funktioniert tadellos.» Er tat so, als ob er die alte Fernbedienung wegwerfen würde, behielt sie aber und konnte mit dieser Fernbedienung den Trick noch einmal machen. Beinah wäre er damit durchgekommen, aber Isabell fand den Kassenbon für die One-for-all-Magic-Smart-Fernbedienung und entdeckte auch das Einkaufsdatum: «Wie konnte er denn da schon wissen, dass wir ... äh ...» Nach ein, zwei Denkkurven kam Isabell mit Action aus dem Quark.

Isabell: «Wenn du mich noch einmal verarschst, bring ich dich um, aber erst polier ich dir die Fresse ...»

Philipp: «Ich liebe dich, Schatz, ich werde dich immer lieben ...»

Wie im Liebesfilm sind die beiden dann doch wieder zusammengekommen. Philipps Trick hat zwar funktioniert, letztlich hat sich aber Isabell durchgesetzt.

Meditieren ist menschlich

«Meditation ist nur Hokuspokus. Das bringt überhaupt nichts. Ich weiß echt nicht, Marina, warum du das machst. Das ist totale Zeitverschwendung, dieses blöde Rumsitzen.»

«Ja, ganz im Gegensatz zum Blöde-Rumsitzen und In-der-Glotze-Formel-1-Gucken. Brummbrumm im Kreis, ja, da erfährt man natürlich so richtig was übers Leben. Du willst doch nur nicht meditieren, weil du Angst hast, Lars.»

«Wovor soll ich Angst haben?»

«Vor deinen Gefühlen, die dann hochkommen.»

«Ich habe keine Angst vor meinen Gefühlen, ich habe überhaupt keine Angst.»

«Das kann nicht sein, jeder Mensch hat Angst. Nur Idioten haben keine Angst.»

«Aha! Jetzt hast du mir bestätigt, dass Meditation überhaupt nichts bringt, hehe!»

«Was soll das jetzt heißen?»

«Du hast gesagt, wenn man meditiert, hat man mehr Mitgefühl mit anderen Menschen. Von wegen. Wenn du mich Idiot nennst, ist das ja wohl kein Mitgefühl. Also, du bist der beste Beweis: Bringt nix.»

«Du könntest es doch wenigstens mal versuchen. Nur ein Mal versuchen. Ich habe ja auch schon Formel 1 mit dir geguckt. Aber du machst total zu.»

«Man muss auch mal dafür offen sein, zuzumachen.»

Und mit dieser Weisheit endete ein weiterer Versuch von Marina, ihren Freund Lars für die Freuden der inneren Einkehr zu begeistern. Sie versteht nicht, wie man in diesem Alter schon so festgefahren sein kann. Und sie meint, dass Meditation wirkt, sei schließlich nicht ihre Privatmeinung, sondern vielfach belegt.

Also, was tun? Echtes Mitgefühl bedeutet schließlich auch, dem Menschen, den man liebt, mal ordentlich in den Hintern zu treten, wenn es ihm nützt. Gemeinsam mit ihrem Yoga-Freund Bastian, den auch Lars gut kennt, hat sich Marina einen mitfühlenden Tritt in den Hintern ausgedacht.

Der Trick: Eine echt Lama-Anmache
Von Marina, 28, für ihren Freund Lars, 29

Vor kurzem hatte Bastian auf einer Party eine Frau kennengelernt. Keiner seiner Freunde oder Bekannten wusste bisher davon, nur Marina war eingeweiht. Sie schlug Bastian vor, sich mit ihr, Lars und ein paar Freunden in einem Restaurant zum Essen zu treffen und seine neue Freundin auf eine noch nie da gewesene Art mit ihnen bekannt zu machen. Bastian war von Marinas Idee sofort begeistert.

An diesem Abend saß Bastian inmitten seiner Freunde und berichtete, wie mit Marina abgesprochen, von einer unglaublich tollen Meditationserfahrung: «Ihr wisst ja, dass ich normalerweise total schüchtern bin. Aber durch die Meditation bin ich ruhig geworden und absolut selbstsicher.»

«Aha, das ist ja interessant, erzähl weiter, Bastian», befeuerte Marina seinen Einstieg.

«Ach Quatsch, selbstsicher», fiel Lars ihr ins Wort, «das kommt nur vom Alkohol, du kleiner Esoteriker.»

«Nein, ehrlich, ich sag's dir, Lars, Meditation hilft mir auch im Umgang mit Frauen. Meiner inneren Ruhe kann kaum eine Frau widerstehen.»

«Na, Marina doch schon, hoffe ich», korrigierte Lars grinsend.

«Ja, aber nur, weil sie selbst durch das Meditieren selbstsicher ist, du kannst ihr ja auch nicht widerstehen.»

«Genau!» Marina zwinkerte Bastian zu und schaute Lars mit gespielt selbstsicherer Miene an.

«Ach was, das ist so, weil Marina hübsch und lieb ist. Was hat das mit Meditieren zu tun? Ihr wollt mir doch einen Bären, nee, einen Buddha aufbinden.»

Bastian war darauf gefasst und legte los: «Okay, pass auf, Lars. Ich werde jetzt hier im Restaurant irgendeine Frau ansprechen.» Er blickte sich suchend um und deutete spontan auf eine sehr hübsche Brünette, die mit ihrer Freundin an einem kleinen Tisch in der Ecke ihren Rotwein genoss. «Die da vorne. Die spreche ich jetzt an.»

«Die? Von wegen.» Lars schüttelte den Kopf. «Niemals!»

«Okay, was wetten wir?»

«Ha! 20 Euro!» Lars lachte siegessicher. «Die sprichst du nie im Leben an.»

«Und ob, 40 Euro!», erhöhte Bastian noch siegessicherer.

«40 Euro?» Lars überlegte kurz. Aber er hatte noch gut in Erinnerung, dass Bastian es einmal einen ganzen Abend nicht geschafft hatte, eine Frau anzusprechen, obwohl die ihn über Stunden verliebt angegrinst hatte. Und jetzt sollte dieser Typ in einem Restaurant aus dem Stand eine so attraktive Frau ansprechen?

«Abgemacht!» Lars schlug ein.

«Ich muss nur noch mal kurz nach draußen gehen und meditieren», sagte Bastian. «Wenn ich zurückkomme, spreche ich sie sofort an.»

Der ganze Freundestisch schaute gespannt auf die Tür. Und tatsächlich kam Bastian nach kurzer Zeit wieder herein und steuerte direkt auf den Tisch der Brünetten zu.

«Das macht der doch nicht wirklich?» Lars konnte es nicht glauben. Und doch passierte es. Bastian sprach die Frau an und setzte sich zu den beiden an den Tisch. Kurz darauf stand er wieder auf. Die Frau nahm einen Stift und schrieb lächelnd ihre Telefonnummer auf seine Hand.

«Das gibt's ja nicht!», staunte Lars. «Ich dreh durch.»

«Siehste!», verkündete Marina stolz, die sich so sehr über ihren Trick freute, als sei sie gerade erleuchtet worden. «Ich hab's dir doch gesagt!»

«Sie heißt Christina, und das ist ihre Telefonnummer. Na?» Bastian spielte den stolzen Eroberer sehr überzeugend und wurde am Tisch von seinen Freunden gefeiert wie ein Rockstar. Lars zückte zwei Zwanziger und war platt. «Mein lieber Mann, das hätte ich nicht gedacht. Aber trotzdem – ich glaube immer noch nicht so recht, dass das vom Meditieren kommt. Hast du dir zu Hause nicht einfach eine Flasche Wein reingehauen und bist deshalb selbstsicher?»

Bastian hauchte Lars an. «Nüchtern, ich bin völlig nüchtern.»

«Hammer, ich fass es nicht – oh, pass auf, deine Christina zieht gerade mit ihrer Freundin wieder ab. Vielleicht war der Schock mit dir doch zu viel, und jetzt flüchtet sie. Wer weiß, ob die Telefonnummer überhaupt stimmt.»

«Na, dann will ich mich mal verabschieden.» Bastian ging ruhig auf Christina zu und küsste sie zum Abschied auf die Wange.

«Geht der ran, leck mich am Arsch», raunte Lars.

Christina erwiderte den Kuss, drehte ihren Kopf und küsste Bastian, so, als hätte ein fremder Zauber von ihr Besitz ergriffen, zärtlich auf den Mund. Lars fiel die Kinnlade herunter: «Äh ... hat sie ihn gerade etwa auf den Mund geküsst? Hat sie ihn etwa gerade auf den ... ähhh ... Mund ... ähhh ... geküsst?»

Meditieren ist menschlich

«Ich glaube schon», strahlte Marina.

«Scheiße, wenn man davon so selbstsicher wird? Das gibt's ja nicht. Ey, das äh, das ist ja ein Ding. Das ist ja ... das könnte ich auch gebrauchen.»

«Ach, wen willst du denn ansprechen?»

«Nein, im Job, das würde mich doch im Job selbstsicher machen. Ich meine, wenn der 'ne fremde Frau ansprechen kann, dann kann ich doch auch vor fremden Leuten sprechen. Okay, Schatz, morgen bringst du mir das mal bei. Das ist ja der Hammer. Der Hammer!» Marina hörte, wie ihr völlig geschockter Lars diese Worte sagte, und hätte vor Spaß auf dem Tisch tanzen können. Ein Sieg auf ganzer Linie. Gut, die Meditationsmotivation von Lars war Karriere, nicht Erkenntnis. Aber immerhin probierte er es aus.

Bastian hat seine Freunde noch am selben Abend per SMS darüber aufgeklärt, dass es sich bei der hinreißenden Brünetten um seine neue Freundin Christina handelte. Nur Lars hat er noch eine Weile zappeln lassen. Schließlich wollen er und Marina ihn nicht sofort wieder vom Pfad der Erleuchtung abbringen.

Meine liebe verfressene Frau

«Meine Frau ist ein verfressenes Aas!» Sagt man so etwas? Nein, oder? «Doch, denn wir wollen doch bei der Wahrheit bleiben», sagt Marek. Er nimmt kein Blatt vor den Mund und ist der Ansicht, dass man sich zwischendurch auch mal etwas an den Kopf knallen darf, wenn man sich wirklich liebt. «Es ist einfach so, meine Frau ist so dünn wie ein Hering, frisst aber wie ein Wal.» Marek ist sauer, weil Conny ihm ständig seine Lieblingsspeisen wegfuttert. Der Deal, er lässt ihren Joghurt, ihre Schokolade und ihre Kekse in Ruhe, und sie lässt ihm seine Cocktailwürstchen und seine Gürkchen, ist von äußerst kurzer Haltbarkeit, wenn Conny ihre Frustfraßanfälle bekommt. Vielleicht sind es auch Lustfraßanfälle, sie isst auch gutgelaunt. So oder so, sie hinterlässt Verwüstungen biblischen Ausmaßes, die denen einer Heuschreckenplage in nichts nachstehen.

Marek ist Hobbyangler und kehrte nach einem seiner Angelausflüge mit gewohnt kargem Fang zurück nach Hause. Er freute sich auf eine schöne Brotzeit mit den drei Chen: Würstchen, Gürkchen und Bierchen. Die Verkleinerungsform, das sogenannte Diminutiv, hilft uns ja immer elegant über grobe Worte wie «zu viel Saufen und zu viel Fressen» hinweg. Auf Marek wartete aber nur ein anderes Chen: Connyleinchen. Der Kühlschrank war leer – und Connyleinchen vollgefuttert. Mareks Vernunftappelle verpufften bei seiner Frau wie gewohnt.

«Conny, du kannst halt was anderes essen.»

«Ja, aber ich hatte gerade Lust auf Wurst und Gurken.»

«Dann kauf dir doch deine eigene Wurst und deine eigenen Gurken.»

«Ja, aber beim Einkaufen hatte ich noch keine Lust auf Wurst und Gurken.»

«Du kannst dir aber doch denken, dass du darauf mal Lust haben wirst.»

«Ich hatte aber keine Lust, mir was zu denken.»

«Mensch, echt, so geht das nicht weiter.»

«Die Partner sollten in einer Beziehung die Wünsche des anderen respektieren. Jeder sollte einen geschützten Bereich haben, der nur ihm gehört.» Wunderbare Sätze aus einem Beziehungsratgeber, die vielleicht wirkten, würde sie jemand lesen. Aber Conny liest keine Beziehungsratgeber, und Marek weiß warum: «Sie hat sie aufgegessen.»

Der Trick: Maden in Germany
Von Marek, 44, für seine Frau Conny, 39

Marek hatte keine Lust auf Tiefkühlpizza. Ein Blick in seine Angelbox verriet ihm, dass es mit einer Forelle heute auch nichts würde. Es hatte wieder keine angebissen, obwohl er diese verteufelt echt aussehenden Madenköder gekauft hatte. «Forellen sind sehr misstrauisch, die fressen nicht alles, nicht so wie meine Frau», dachte Marek. Und ihm kam eine Idee.

Nach dem nächsten Einkauf stopfte er ein paar von den echt aussehenden Angelmaden in die Gurken- und Würstchengläser. Maden aus harmlosem Kunststoff, aber das wusste Conny ja nicht. Als Conny beim nächsten Mal Lust auf Würstchen und Gürkchen bekam und in fröhlicher Fresslaune die Gläser öffnete, bekam sie keinen Fress-, sondern einen Schreianfall:

«Bääääh, iiigitt, da sind Maden im Glas!»

«Waaas?», spielte Marek den Verdutzten. «Das gibt's ja nicht. Pfui Teufel.»

«Buäh, ekelhaft. Wo hast du *die* denn gekauft?»

«Die? Na im Supermarkt, wie immer.»

«Wir müssen das Gesundheitsamt anrufen.»

Schon jetzt hatte Marek seinen Spaß. Der allein hätte ihn entschädigt für die vielen Enttäuschungen, wenn er sich auf seine Mahlzeit gefreut hatte und ins leere Glas blicken musste. Aber warum nicht über eine reine emotionale Entschädigung hinausgehen? Warum nicht mit einem satten Gefühlsgewinn die Szene verlassen?

Marek griff in das Würstchenglas, stupste die Maden beiseite, angelte sich ein Würstchen und biss genussvoll hinein.

«Uäää012 rg», Conny war kurz davor, sich zu übergeben. «Du Schwein, das ist total eklig.»

«Ja, eklig aber meins. Hach, ein bisschen wie du.»

Conny wandte sich von ihm mit einem Gesicht zum Eierabschrecken ab: «Ich werde dich nie wieder küssen!»

«Und nie wieder meine Würstchen essen!», triumphierte Marek.

Der Computerexperte

Pias Mann teilt die Leidenschaft für Computer und Internet mit vielen Männern. Dennoch stellt sich Pia bei Till besorgt einige nicht ganz unberechtigte Fragen: Wann schlägt Leidenschaft in Sucht um? Ist mein Mann süchtig? Woran erkenne ich seine Sucht? Um das herauszufinden, haben wir gemeinsam mit Pia einen sicheren Test entwickelt: Kreuzen Sie einfach alle zutreffenden Punkte an. Wenn Sie mehr als 5 der 10 Punkte erreichen, sind Sie süchtig.

Was, so einfach ist das? Ja!

Sie sind süchtig, wenn ...

- Sie bei YouTube ein Tutorial-Video darüber hochladen, wie man Kommentare bei YouTube schreibt über Leute, die Tutorial-Videos bei YouTube hochladen, die zeigen, wie man Kommentare bei YouTube über Leute schreibt, die Tutorial-Videos hochladen.
- Ihnen ein Rotkehlchen Angst macht, weil Sie sich vor Angry Birds fürchten.
- Sie bei Ihrer Hochzeit nicht mit «Ja» antworten, sondern auf das Voting warten.
- Sie versuchen, am Himmel die Wolken mit einer Tablet-Bewegung wegzuwischen.
- Ihre Kinder Hashtag und Twitter heißen.
- Sie bei Immobilienscout ein Haus in Minecraft suchen.
- Sie sich wundern, warum Sie in den Knast müssen, obwohl Sie nur 50 Leute gekillt haben.
- Sie auf «Mute» klicken und sich fragen, warum Ihre Frau trotzdem laut weiterredet.

- Sie versuchen, bis zum Orgasmus vorzuspulen, dann aber erst merken, dass Sie nicht in einem Internetporno, sondern im Ehebett sind.
- Sie glauben, im Netz interessiert sich wirklich irgendjemand für Ihre Meinung.

Till erreicht 6 von 10 Punkten und ist wie viele seiner Leidenschaftsgenossen der irrigen Auffassung, er hätte in Sachen Computer den totalen Durchblick und alle anderen überhaupt keinen. Pia leidet unter dieser arroganten Haltung, weil jede zaghafte Computerfrage von ihr mit einem «Boahh, das weiß doch jeder ...» beantwortet wird. Damit hat sich Till einen Beziehungstrick verdient, der ihn hoffentlich wieder auf den Boden der Tatsachen holt.

Der Trick: Weißes Word
Von Pia, 28, für ihren Mann Till, 35

Till surft nicht nur im Internet, er benutzt seinen PC tatsächlich auch beruflich. Zum Beispiel, um Dokumente zu bearbeiten oder E-Mails zu verschicken. In einem unbeobachteten Augenblick setzte sich Pia an seinen PC und machte ein paar harmlose Klicks. In seinem Word-Dokument klickte sie auf «Format / Zeichen», wählte unter dem Reiter «Schriftfarbe» «weiß» und bestätigte die Einstellung als Standard. Sofort verschwand die komplette Schrift aus dem Dokument. Das heißt, sie war noch da, nur eben weiß auf Weiß, wie von Zauberhand unsichtbar. Pia schlich sich weg und wartete ab, ob ihr ach so kompetenter Mann diesen Trick sofort herausfinden würde.

«Scheiße, die Kiste ist abgestürzt!», rief Till kurz darauf entsetzt aus seinem Arbeitszimmer. Nun, das hörte sich für Pia erst mal nicht nach einer schnellen, kompetenten Problemlösung an.

«Was ist denn passiert?», fragte sie unschuldig.

«Nichts, verstehst du nicht.»

«Natürlich nicht.»

«Ich fahr die Kiste einfach runter und wieder hoch.» Gesagt, getan, und ... nichts!

«Hmmm ...» Till überlegte angestrengt, und das tat Pia schon jetzt etwas leid. Denn bis auf seine Besserwisserei ist er ja ein liebenswerter Mann.

«Ach, klar, ich Depp.»

«Natürlich», entfuhr es Pia, die den Sinnzusammenhang ihrer automatischen Ehemannbestätigung zu spät bemerkte, ihr Ehemann immerhin gar nicht. Und so setzte sie lustig nach: «Es ist der Keilriemen, oder?»

«Witzig.»

«Ich bin aber auch so blöd, was den Computer angeht.»

«Was soll das jetzt heißen?»

«Na, das sagst du doch immer.»

«Das habe ich noch nie gesagt.»

«Nicht wörtlich, aber gemeint hast du es. Also wenn ich deine Kiste wieder zum Laufen kriege, dann entschuldigst du dich für dein arrogantes Verhalten, ja?»

«Ich glaube nicht, dass ich ein arrogantes Verhalten ...»

«Dann nicht.» Und mit diesen Worten verschwand Pia im Wohnzimmer. Eine halbe Stunde später kam Till angeschlichen. Er hatte an dem scheinbar verlorenen Dokument drei Stunden gearbeitet und wusste wirklich nicht, was damit passiert war. Wie so oft fördert der Kontrollverlust über das geordnete Leben die Demut.

«Wenn ich dich mal genervt habe, tut's mir leid, wirklich, Pia.»

«Gut.»

«Äh, kannst du das wirklich wieder hinkriegen, oder war das ein Witz?»

«Ich kann das, aber ich brauche Konzentration dafür. Bleib hier, okay?»

«Okay.»

Und mit zwei Klicks färbte sich die Standardschrift von Weiß wieder in Schwarz. Von diesem Moment an war Pia Tills Heldin, und er behandelte sie nie wieder von oben herab. Ende gut, alles gut? Was, so einfach ist das? Ja.

Schwierige Schwiegereltern

Der Mensch musste sich in der Geschichte der Zivilisation immer wieder gegen lebensgefährliche Bedrohungen durchsetzen wie wilde Tiere, Hungersnöte oder Seuchen. Maren sieht sich ähnlich bedroht, sie soll ihre zukünftigen Schwiegereltern kennenlernen. Die Evolution fordert Opfer, denkt sie, und ich werde eines von ihnen sein. Denn die Eltern ihres Freundes Elias sind berufsmäßig sehr neugierig, sie sind Psychologen. Beide! Dass Elias trotzdem so gut gelingen konnte, liegt an seinem unerschütterlichen Humor, oder, wie er selbst vermutet, daran, dass er womöglich adoptiert wurde.

Maren ist von Natur aus sehr empfindsam und jetzt schon nervöser als bei der Abiprüfung. «Was könnten die mich denn fragen?»

«Weiß nicht, wie es dir geht?»

«Und wie geht's mir?»

«Dir geht's gut.»

«Ah, das schreibe ich mir auf!»

«Nicht dein Ernst, oder?»

«Ich weiß es nicht. Ich sage bestimmt etwas Falsches, und dann werde ich analysiert, und dann habe ich plötzlich ein psychisches Problem oder so etwas. Mir ist schlecht.»

So hat Elias seine Freundin noch nie erlebt, und er überlegt sich einen Trick, der seine Maren locker durchs Schwiegernabitur bringen wird.

Der Trick: Ist der Ruf erst ruiniert ...
Von Elias, 25, für seine Freundin Maren, 25

Wir hören immer wieder davon, dass Frauen einen bestimmten Humor von Männern gar nicht schätzen: den sogenannten pubertären Humor. Hier aber ist es genau dieser Humor, der einer Frau zugutekommt. Am Besuchstag bei den Schwiegereltern war Maren von Anfang an sehr angespannt. Der einfachste Smalltalk gelang ihr nicht mehr.

«Ach, du bist also Maren, was für ein hübscher Name», meinte die Mutter.

«Geht so», erwiderte Maren und überlegte danach, warum sie das gesagt hatte. Vielleicht, um nicht so zu wirken, als sei sie stolz auf etwas, das sie nicht zu verantworten hatte, ihren Vornamen.

«Na, dann wollen wir uns doch mal zu Tisch begeben», ordnete der Vater in gewohnt gestelztem Ton an, und Elias fragte sofort spitz: «Ach, wollen wir das?» Keine Reaktion der Beteiligten. Maren wunderte sich, warum Elias und sie sich nicht sofort auf die Couch legten, um sich analysieren zu lassen, statt das unbequem am Kaffeetisch zu tun. Die Stimmung, dachte Elias, ist so steif wie beim Limbotanzfestival der Bandscheibengeschädigten.

Elias schob gentlemangleich den Stuhl für Maren zurecht, und sie ließ sich auf das Stuhlkissen fallen – mit einem lauten, posaunenhaften Furz. Ein Furz? Ja, richtig, und was für einer. Elias' Eltern blickten verblüfft aus der Wäsche und zupften dann peinlich berührt an ihren Servietten herum. Maren wurde puterrot. Nur Elias grinste: «Na, das war ja mal ein ordentlicher Einstand, mein kleiner Posaunenengel.» In der allgemeinen Anspannung, die allen deutlich anzumerken war, fiel niemandem auf, dass der Ton gar nicht echt war. Elias, der alte pubertäre Sauhund, hatte unter das Stuhlkissen ein Furzkissen gelegt. Nur deshalb hatte er den Stuhl so für Maren zurechtgerückt, nur, damit sie sich mit ordentlichem Druck auf das Furzkissen setzte. «Du pupst wie ein Elefant, Maren.»

«Elias, das sagt man nicht», schüttelte seine Mutter den Kopf.

«Mein lieber Herr Sohn, das ist wirklich nicht höflich», pikierte sich sein Vater.

«Jaja, ist ja gut, aber aus meiner guten Erziehung», griente Elias, «da ist irgendwie die Luft raus.» Keiner lachte über seinen Witz. Da stand Maren auf, zog das Furzkissen unter ihrem Sitz hervor und sah Elias mit gespielter Entrüstung an: «Du bist wirklich unmöglich, Elias!»

«Ach», konterte Elias, «jetzt mach mal nicht so einen Wind um die Sache.»

Da konnte sich Maren ein Lachen nicht mehr verkneifen. Auch die Eltern lächelten etwas. Und wie es sich gehört, wurde Elias von seinen Eltern und von Maren für diesen albernen Streich gemaßregelt. Beide Seiten schossen sich auf ihn ein und erzählten die schlimmsten Geschichten über ihn. So entstand sehr schnell eine Leidensgemeinschaft der Eltern mit Maren, die genau wie diese unter Elias' pubertären Streichen leiden muss. «Ja, schimpft mich nur aus. Aber ihr müsst zugeben, die Anspannung hier ist ... wie weggeblasen.»

Elias hat mit voller Absicht und gutem psychologischen Gespür gehandelt. Wir fragen uns allerdings, ob er ein guter Therapeut wäre. Wenn er seinen Patienten bei der ersten Sitzung ein Furzkissen unterschöbe, würde er vermutlich zwar etwas Druck aus der Situation nehmen (so würde das Elias wohl formulieren), aber das Vertrauensverhältnis zwischen Therapeut und Patient wäre wohl beschädigt. In der richtigen Dosis aber kann man pubertären Humor als therapeutischen Trick offenbar ganz gut anwenden. Wir danken Elias für diese Einsicht.

Der Fremdgehtest

«Ich muss mich für meinen Mann fit halten», meinte Rebecca zu uns, während sie ihre Sporttasche fürs Fitnessstudio packte, «damit ich ihm eins aufs Maul hauen kann, wenn er fremdgeht.» Wie bitte? Wir dachten bisher immer, sich für seinen Mann fit zu halten, habe andere Gründe, und meinten, dass das ja mal eine sehr lustige Fitnessbegründung sei. «Das ist nicht lustig gemeint», entgegnete Rebecca ernst. Wie bitte? Was? Sofort erläuterten wir Rebecca im ernsten moralischen Ton, dass wir als echte Paar-Pazifisten selbstverständlich jede Form von Gewalt ablehnen würden und ... Da grinste sie unverschämt breit und meinte: «Reingefallen!»

Wie bitte? Was? Hä? Dann haben wir es endlich kapiert. Klar, wenn man sich mit Frauen und Männern abgibt, die ihre Partner auf den Arm nehmen, sind die Autoren eben auch mal dran. Das ist nur gerecht. Aber eigentlich hatten wir Rebecca ja nach ihrem Trick gefragt. Sie hatte uns berichtet, dass sie feststellen konnte, ob ihr Mann fremdgeht oder nicht. Wie, das erzählte sie uns dann doch noch. Ohne uns auf den Arm zu nehmen.

Der Trick: I've got the world on a string
Von Rebecca, 37, für ihren Mann Björn, 36

Rebecca hatte zusammen mit ihrem zehnjährigen Sohn Lars Lebensmittel eingekauft und den Einkauf im Auto verstaut. Anschließend war sie kurz noch einmal allein losgezogen, um für sich Unterwäsche einzukaufen. Als sie zum Auto zurückkehrte, wollte ihr neugieriger Sohn wissen, was da in der Tüte sei.

«Och, nichts, nur Unterwäsche.»

«Zeig mal.»

«Was?»

«Zeig mal her, ist die cooler als meine?»

«Äh ...» Und schwups zog Rebecca den Stringtanga aus der Tüte und pfefferte ihn unbemerkt ins Handschuhfach. Denn die von ihrem Sohn bestimmt geforderten Erklärungen darüber, wie man das Ding wo festmacht und was wo durchpasst, nein, das sollte der Kleine später selbst herausfinden oder seine Freundin fragen. Also präsentierte Rebecca ihm zwei Tops: «Hier, wie findste?» – «Langweilig, ich dachte, du hättest was mit Superman drauf oder so.» – «Nee, vielleicht beim nächsten Mal.»

Zwei Wochen später saß Rebecca allein mit ihrem Mann Björn im Auto. Rebecca suchte ihre Sonnenbrille und zog das Handschuhfach auf. Sie erstarrte und rief entsetzt: «Wem gehört dieser Slip?» – «Hä, welcher Slip? Ich weiß überhaupt nicht, was du meinst», erwiderte Björn überrascht. Rebecca zog den String aus dem Handschuhfach. In dieser Sekunde fiel ihr ein, dass es ihrer war. Sie hatte ihn im Handschuhfach vergessen. Gleichzeitig schoss ihr die Frage durch den Kopf, warum Björn gerade eine so betont abwehrende Haltung eingenommen hatte. War das vielleicht sein schlechtes Gewissen? Ging er vielleicht fremd?

Rebecca klärte Björn über ihren Irrtum nicht auf, sondern hielt den String in die Höhe und beobachtete Björns Mimik und Gestik haargenau: «Na, der hier. Ich habe das Ding jedenfalls nicht getragen.» – «Ich weiß nicht, wem das gehört, vielleicht deiner Freundin, keine Ahnung. Was soll das?» Rebecca war jetzt klar, Björn war so schuldlos, wie man nur sein kann. Kein klar denkender Mann, der fremdgeht, hätte die Freundin der Frau mit ins Spiel gebracht. Aber er wirkte trotzdem etwas nervös. Das ist vielleicht dasselbe grundsätzlich schlechte Gewissen, das manche Menschen auch überfällt, wenn sie die Polizei sehen.

Polizei und Frauen: Man weiß nie, ob man nicht vielleicht doch etwas falsch gemacht hat.

«Ach, meiner Freundin! Der gehört meiner Freundin?» Rebecca spielte jetzt, da sie annahm, dass Björn nicht fremdging, die Entrüstete. «MEINE FREUNDIN? Ich fasse es nicht, da mache ich es die ganze Zeit hinter deinem Rücken mit deinem besten Freund, und als Dank treibst du es mit MEINER FREUNDIN?»

«WAS?» Björn war jetzt total verwirrt: «Wovon redest du da? Was erzählst du da?»

«Ach, entspann dich, Björnibaby, war nur ein Witz, der Slip gehört mir. Reingefallen!»

Junge, Junge, zu beneiden ist der arme Björn nicht. Aber immerhin hat uns Rebecca einen Trick geliefert, wie man seinen Partner unter die Lupe nehmen kann, ohne ihn direkt mit dem Thema Fremdgehen zu konfrontieren. Ob man dazu einen Lippenstift oder einen String hervorzieht, ist Geschmackssache oder wie hier Zufall. Wir wissen, das Ganze ist nicht moralisch einwandfrei. Aber bitte, liebe Leser, das ist immer noch besser, als das Handy des Partners zu checken, oder? Und wer hat das nicht schon einmal gemacht? Sie nicht? Nein? Wirklich nicht? Okay, wir glauben Ihnen. Genauso wie wir glauben, dass der Osterhase mit dem Weihnachtsmann ein Verhältnis hat.

Sich aufregen bringt Segen?

Konstanze: «Da sagt mein toller Abteilungsleiter, ich meine, der hat die Kompetenz nun wirklich nicht erfunden, da sagt der, ich soll mich um die Rechnungslegung kümmern. Ich! Das schlägt ja wohl dem Fass die Krone aus. Das ist gar nicht unsere Aufgabe, dafür bezahlen die doch extra eine andere Abteilung, und wir sollen für die die Arbeit machen? Aber mein Kollege, der kleine Schleimer, weißt du, was der da sagt, dieser Arschkriecher? Da sagt der: ‹Dann mach ich das!› Dann mach ich das? Mit dem bin ich fertig, der soll bleiben, wo der Teufel wächst.»

Mindestens einmal pro Woche regt sich Konstanze so dermaßen über ihre Kollegen auf, dass mit ihr sämtliche Sprichwörter und Redensarten auf 180 Gäulen dahin durchgehen, wo der Teufel den Most holt wie der Zimmermann in Frankreich. Sich aufregen bringt Segen? Das sieht ihr Mann Theo anders: «Wiederholte Aufregung ohne Problemlösungsstrategie ist psychologisch gesehen schädlich.» Also hat sich Theo für einen Trick entschieden, der auch bei der Erziehung seines Sohnes immer gut funktioniert ...

Der Trick: Schlechte Nachrichten, gute Laune
Von Theo, 48, für seine Frau Konstanze, 39

... Ablenkung: «Guck mal, ein Vogel.» Dieser Trick half bei seiner Frau leider überhaupt nicht. Woher wir das wissen? Theo hat es ausprobiert. Wir hielten es zunächst für einen Witz, dass Theo so etwas Simples ausprobiert hat. Aber wie heißt es so schön: In der Not frisst der Theo frühe Vögel. Als Konstanze sich wieder mal aufregte, deutete Theo in den Garten: «Guck mal, ist das eine Amsel?» – «Mir doch scheißegal, was das für ein Vogel ist», kam als Antwort. Scheitern gehört zum Leben. Theo war klar, hier musste eine größere Ablenkung als eine Amsel her. Und diese Ablenkung flattert ihm jeden Tag fast umsonst ins Haus: die Nachrichten. Ja, natürlich, die großen Krisen der Welt, dramatische Schicksale, echte Tragödien, alles, was unsere kleinen Probleme sofort relativiert, wird uns in Form der Nachrichten geliefert. Theo stellte den Festplattenrecorder ein, und sobald Konstanze nach Hause kam, um sich aufzuregen, schaltete er die Nachrichten ein. «Furchtbar, die armen Menschen.» Konstanze war sofort abgelenkt. «Gegen diese Schicksale, ach, dagegen haben wir wirklich keine Probleme.» Es funktioniert einwandfrei, dachte Theo. Ein anderes Mal las er Zeitung, dann befasste er sich gerade offenbar mit entsprechenden Artikeln aus dem Internet. Ja, es funktionierte, nicht immer, aber oft. Konstanzes kleine Probleme relativierten sich im Angesicht der großen Probleme dieser Welt. Und Theo bekam sogar noch moralische Bonuspunkte als jemand, der sich für die Krisen dieser Welt wirklich interessiert.

Ein guter Trick? Na? Was denken Sie? Das Erste, was wir dachten, als wir von diesem Trick hörten, war: Wie krank ist das denn? Da profitiert jemand vom Leid anderer Menschen? Die Frage hallte noch nach, als uns einfiel, wer in unserer Gesellschaft noch so alles vom Leid anderer Menschen profitiert. Manche sogar hauptberuflich. Und siehe da, dieser Gedanke relativierte auch den nicht ganz so legalen Trick von Theo. Ja, aber irgendwie, also irgendwie ... trotzdem krank.

So oder so, die beiden führen eine aufregende Beziehung. Denn auch wenn Theo es gern anders hätte, er ist nicht der vollkommen gelassene Typ. Auch er kann sich prima aufregen. Zum Beispiel darüber, dass wir uns über Kleinigkeiten aufregen.

Frauen genauso wie Männer. Wir haben mal versucht, Theos Ansichten in diesem Punkt überschaubar ins Bild zu setzen:

Worüber sich Frauen aufregen:

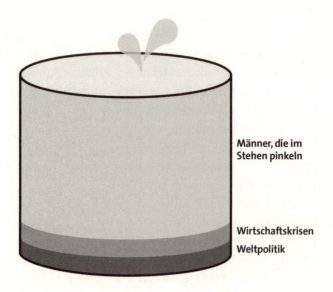

Worüber sich Männer aufregen:

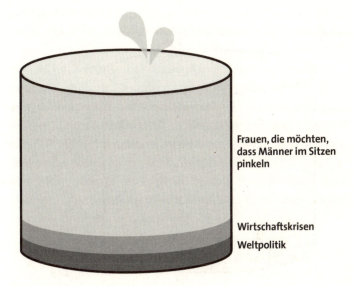

Frauen, die möchten, dass Männer im Sitzen pinkeln

Wirtschaftskrisen

Weltpolitik

Sich aufregen bringt Segen?

Der inkonsequente Papa

Wir alle spielen im Leben etliche Rollen: Ehefrau, Tochter, Mutter, Kumpel, Sohn, Vater, Angestellte, Kunde und viele mehr. Einige überschneiden sich ohne Probleme, andere sollten sich besser nicht zu sehr überschneiden. Zum Beispiel die Rolle der Mutter und die der Kundin, etwa einer Autoreparaturwerkstatt: «Was hat die Mama gesagt? Wann kommt sie das Auto abholen? Und was gibt es, wenn das Auto nicht pünktlich fertig ist? Auf den nackten Popo! Ja, bleibst du stehen! Kommst du her! Jetzt setzt es was, und dann geht's ohne Essen ab ins Bett, du kleiner Mechanikerscheißer!»

Helene sieht eine nicht weniger problematische Überschneidung bei den Rollen Vater und Kumpel. Ihr Mann Thomas soll eigentlich in der Rolle des Vaters mit ihr zusammen die gemeinsame Tochter Leonie erziehen. Das bedeutet auch, Grenzen zu setzen. Aber es sollte nicht bedeuten, sich mit einer Siebenjährigen gegen die Mutter zu verbünden und bei jedem schnuckeligen Augenaufschlag der Kleinen die Grenzen schneller zerbröseln zu lassen als Schokokekse unter Kinderschuhen.

Helene sagt zu Leonie	Thomas sagt zu Leonie
«Wir essen pünktlich.»	«Ja, Mäuschen, wenn du jetzt nicht magst, vielleicht später?»
«Süßes nur nach der Mahlzeit.»	«Ach, Mäuschen, guck doch nicht so traurig, hier hast du Schokolade.»

«Bitte dein Zimmer auf-
räumen.»

«Übe dich in Geduld.»

«Nicht während des Essens
aufstehen und umherlaufen.»

«Ja, wenn du dich zu schlapp
fühlst, Mäuschen, dann
mache ich das für dich.»

«Nicht schreien, Mäuschen,
der Papa holt dir die Pizza
jetzt sofort und nicht heute
Abend.»

«Du willst mit deinem Bär-
chen auf dem Tisch spielen?
Ja, der Papa versteht dich.»

Helene fragt sich, was aus ihrer Tochter unter diesen Bedingun-gen einmal werden soll. Thomas sieht das total gelassen, vergisst aber ihrer Meinung nach dabei, dass er seine positiven Eigen-schaften wie Pünktlichkeit, die ja überhaupt erst dazu geführt haben, dass sich die beiden kennenlernten, schließlich auch durch Erziehung erhalten hat.

Spricht Helene das Thema an, dauert es keine zwei Tage, bis Thomas wieder vom Vater- in den Kumpelmodus schaltet. Und das, weil, da ist sich Helene sicher, er immer nur geliebt werden will und Konflikte scheut. «Wie du das machst, ist das keine Erziehungsarbeit, das ist Erziehungsfreizeit. Auf Kosten der Kin-der», klagt sie. «Deine Eltern findest du doch heute auch noch total cool und liebst sie, oder?»

«Ja, wieso?»

«Weil dein Vater mir gesagt hat, dass er streng zu dir war.»

«Ja, wieso?»

«Wieso? Sag mal, kriegst du diesen einfachen Gedankenschritt nicht mehr hin? Ich brauche Hilfe, ich brauche wirklich Hilfe!»

Der inkonsequente Papa

Und die holte sie sich schließlich bei ihren Schwiegereltern. «Die beiden sind superlässig unterwegs, total witzige Leute. Die waren früher beim Theater und sind dann ins Kulturmanagement gewechselt. Das sind zwei 68er, die zwar locker drauf sind, aber diesen ganzen Quatsch mit der antiautoritären Erziehung nie mitgemacht haben. Die haben damals schon kapiert, was Thomas heute noch nicht kapiert, nämlich dass Kinder Grenzen brauchen.»

Helenes Schwiegervater Ulrich hatte auch sofort einen, wie Helene fand, superwitzigen Plan, den er mit verschlagenem Grinsen vortrug: «Man müsste dem Kleinen mal zeigen, was aus solchen Kindern wird. Pass auf, wir laden euch nächste Woche zum Essen ein, aber es darf kein Restaurant sein, wo man uns kennt. Wir werden dann ...»

Der Trick: Was ist nur aus den Eltern geworden?
Von Helene, 36, (mit ihren Schwiegereltern) für Thomas, 39

Der Restaurantbesuch:

Thomas und Helene warteten eine geschlagene halbe Stunde auf seine Eltern. «Was ist denn da los?», fragte Thomas. «Die sind doch sonst immer so pünktlich.»

Endlich fuhr der Wagen vor. «Na? Wo habt ihr so lange gesteckt?», erkundigte sich Thomas neugierig.

«Wir? Ach, keine Ahnung, wir haben noch Fernsehen geguckt oder so.»

«Oder so? So, so ...» Seltsam fand Thomas die Begründung seines Vaters schon, stieg aber ein und setzte sich in ein zugemülltes Auto voller Tüten, leerer Dosen und Kaffeebecher.

«Iih, was ist denn hier los? Wann habt ihr zum letzten Mal aufgeräumt?»

«Warum? Wozu?» Seine Mutter Roberta spielte die Lockere. «Ach, da hatten wir keine Lust drauf.»

«Keine Lust? Ihr? Das hab ich von euch ja noch nie gehört.»

Im Restaurant rutschte Ulrich ungeduldig auf seinem Stuhl hin und her. Sie hatten gerade erst bestellt, doch es ging ihm einfach nicht schnell genug: «Mensch, ey, wo bleibt denn dieser doofe Kellner mit dem Essen?»

«Mensch, ey? Habt ihr eben einen Jugendfilm gesehen? Und wie soll der Kellner jetzt schon das Essen bringen, du hast doch ...»

«Ja, aber echt, ich guck mal», unterbrach ihn seine Mutter, sprang vom Stuhl auf und suchte den Kellner.

«Was ist denn mit Mama los?», wandte sich Thomas an seinen Vater. «Seid ihr am Verhungern? Also irgendwie seid ihr heute seltsam.»

«Sprich nicht so über deine Mutter, klar? Sonst bist du nicht mehr mein Kumpel.»

«Wie bitte?»

«Egal», rief Ulrich plötzlich in einem leicht kindischen Ton, «ich gucke mal, wo Mama bleibt.» Er sprang auf und ging weg.

Thomas wandte sich hilfesuchend an seine Frau. «Was ist denn hier los?»

«Guck *mich* nicht an, woher soll *ich* das wissen?»

«Haben die vielleicht Drogen genommen, das würde ich den beiden zutrauen, aber ...» Thomas konnte seine Überlegung nicht beenden. Seine Mutter wuselte ihm von hinten durch die Haare, beugte sich nach vorn und schaute ihn mit großen unschuldigen Augen an: «Entschuldige, Thomi, wir sind so super hungrig, echt, suuuper hungry.»

Der inkonsequente Papa

«Bitte? Ah so, äh ... suuuper hungry? Ihr redet heute ein bisschen, egal ... Ihr wirkt tatsächlich etwas unterzuckert.»

«Genau so ist das», röhrte sein Vater lauthals. Er hatte den Kellner im Schlepptau, der jedem einen großen Eisbecher servierte.

«Ihr habt die Nachspeise bestellt? Vor der Hauptspeise?»

«Ja, wegen unterzuckert und so, mein Süßer, weißt du? Iss, Junge, iss ruhig.» Seine Mutter stippte mit dem Zeigefinger in seinen Eisbecher und dann auf seine Nasenspitze. «Iss, Junge, iss, leckerleckerleckerschmecker.»

Helene grinste in ihren Eisbecher hinein, um nicht auf den offenen Mund von Thomas starren zu müssen. Der Arme verstand die Welt nicht mehr. Bevor er noch einen klaren Gedanken fassen konnte, brachte der Kellner aber schon die Hauptgerichte.

«Oh, das ging ja wirklich schnell, wunderbar, dann guten Appetit», meinte Ulrich, während er sich die letzten Löffel mit Eis laut schlürfend reinzog. Hauptgericht, endlich, so dachte Thomas, jetzt würde wohl in Ruhe gegessen und die Unterzuckerung seiner Eltern hätte ein Ende. Falsch gedacht. Ulrich blickte angewidert auf die Hauptspeise. «Nö, jetzt hab ich keinen Hunger mehr.» Er stand auf, schlenderte durch das Restaurant und guckte, was die anderen Gäste so auf dem Teller hatten. «Oh, sieht lecker aus. Ich habe aber keinen Hunger. Nö, jetzt nicht mehr.»

Da war es um Thomas geschehen. Jetzt war er es, der komplett unterzuckert schien.

«Was ... äh ... da ... Papa ... warum?»

«Junge, red in ganzen Sätzen», forderte ihn seine Mutter streng auf.

«Habt ihr, sag mal, habt ihr neue Medikamente, oder was? Weil so, also so kann man sich doch nicht ernsthaft benehmen.»

Ulrich kam zurück, ließ sich auf seinen Stuhl plumpsen und

starrte seinen Sohn mit wirrem Blick an: «Was meinste? Kapier ich nicht.»

«Also Papa, äh ... Helene sag doch mal was ...»

«Von wegen. Ich halte mich da raus.»

Thomas fühlte sich allein. Er, die Stimme der Vernunft, seine Stimme, jedenfalls dachte er das, darf nicht schweigen, sie muss sprechen. Und dabei heraus kam ein hastiges: «Aber, aber, aber ...»

«Das ist ein Song, oder?», lachte die Mutter.

«Nein, eine Gruppe: Abba!», grinste der Vater und sang: «Abba, abba, abba, must be funna, in a bitch man's world.»

«HEY», rief Thomas beinah außer sich. Aber als er die Augen der anderen Gäste schon auf ihren Tisch gerichtet sah, bemühte er sich prompt um einen leiseren Ton und zischte: «Jetzt hört doch mal auf, jetzt also, jetzt benehmt euch doch mal!»

Stille. Weder seine Eltern noch Helene rührten sich. Da brach es aus Ulrich heraus: «Aha! Du kannst es also doch!»

«Was kann ich?»

«Erziehen. Wir hatten schon gedacht, du könntest es nicht mehr.»

«Ich? Aber wieso nicht? Ich kann doch ...» Erst als Thomas auf Helene blickte, die wie ein mit Glückshormonen vollgepumptes Honigkuchenpferd kicherte, ging ihm ein Licht auf: «Ohhh, jetzt verstehe ich. Daher weht der Wind. Mann, Helene, du bist so gemein.»

«Helene hat damit nichts zu tun!» Ulrich versuchte es jetzt mit einem wirklich strengen Blick. «Das war allein unsere Idee. Wir wollten nur sehen, ob du überhaupt noch imstande bist zu erziehen, und dir zeigen, was aus Kindern, denen keine Grenzen gesetzt wurden, für Erwachsene werden können. Erwachsene wie wir heute. Na? Wie findste?» Ulrich beugte sich weit zu

Der inkonsequente Papa

225

Thomas herüber und zwickte ihm in die Wange. Thomas zuckte zurück. Ulrich legte nach: «Ich hab dich was gefragt. Wie findste uns, Thomi?»

«Gruselig!»

«Ach, das war heute noch gar nichts.» Roberta lächelte spitzbübisch. «Wir können das beim nächsten Mal noch deutlich steigern.»

«Beim nächsten Mal?», schrie Thomas, der sich abermals zügeln musste, weil er sah, wie sich andere Gäste zu ihm umdrehten.

«Wieso beim nächsten Mal? Wollt ihr das etwa noch mal machen?»

«Na, wir erziehen dich so lange, wie du nicht erziehst, kapische?», lachte sein Vater.

«Doch, das hat er kapiert. Er ist doch unser Sohn, ne Thomi?» Und wieder durchwuschelte seine Mutter die Haare von Thomas, der jetzt aussah wie ein kleiner Junge, der frisch aus dem Bett gehüpft ist.

Helene hatte es nach diesem denkwürdigen Abend mit Thomas in der Rolle des Vaters leichter. Der Trick hat seine Wirkung nicht verfehlt. Wenn man auch sagen muss, dass Thomas nach diesem Abend mehr Angst davor hatte, so zu werden wie seine Eltern, als davor, eine schlecht erzogene Tochter ins Erwachsenenleben zu entlassen. Helene jedenfalls hat in ihren Schwiegereltern gute Kumpel gefunden, die ihr zur Seite stehen. Und das ist doch mal eine Rollenüberschneidung, die man sich nur wünschen kann.

Kommunikation ist alles ... oder nichts

Handy-Maniac 1

Warum trennt sich eine Frau von einem Mann? Warum trennt sich ein Mann von einer Frau? Im Laufe der Geschichte haben sich die Gründe dafür verändert, wie wir an den letzten Worten vor der Trennung deutlich erkennen können.

Letzte Worte vor der Trennung im Wandel der Zeit:

- «Ich? Des Ritters Lanze poliert? Welche Lanze meint Ihr?»
- «Mein König, bitte definiere Keuschheitsgürtel.»
- «Okay, Mätresse ist das falsche Wort. Elisabeth, leg das Gewehr weg!»
- «Nein, da ist niemand unter meinem Reifrock.»
- «Doch, Eleonora, Syphilis holt man sich genauso wie eine Grippe.»
- «Ja, Gertrud, die Lebensversicherung läuft auf deinen Namen, wieso?»
- «Heinz, wenn es dir nicht schmeckt, dann koch doch selbst!»
- «Natürlich können Frauen auch studieren. Das nennt man Emanzipation.»
- «Nein, Mao finde ich nicht super. Was? Gruppensex ist kein Fremdgehen?»
- «Ich bin nicht unnormal. Bitte besorg dir schwarzes Leder und eine Peitsche, ja?»
- «Mein Schatz, bitte definiere *in flagranti*.»
- «Peter, stört es dich, dass ich mehr verdiene als du? Peter? Peter?»
- «Wen ich mehr liebe? Dich oder mein Handy? Äh, Moment ...»

Immer häufiger hören wir gerade von Frauen, dass dieses kleine Kommunikationsgerät mittlerweile große Kommunikationsprobleme schafft. Das Handy, insbesondere das Smartphone, stellt die Geduld des Partners auf die Probe. Jule zum Beispiel nervt es unheimlich: «Ich will ja nicht einen auf strenge Gouvernante machen. Aber immer muss ich Gero sagen, dass man nicht ständig aufs Handy guckt beim Essen, wenn man sich gerade unterhält. Das ist einfach unhöflich.» Jules Freund Gero guckt nicht nur während des Essens auf sein Smartphone. Jule hat auch schon beobachtet, wie er beim Sex seine Hand automatisch nach dem Smartphone ausstreckte, als eine Nachricht ankam. «Das steckt so tief in ihm drin, da kommt man auch mit Reden nicht weiter.» Es wird also Zeit für einen echt smarten Trick.

Der Trick: Unvertraute Zweisamkeit
Von Jule, 25, für ihren Freund Gero, 29

Jule besuchte ihre Freundin Carla. Und was lag dort auf dem Tisch? «Genau das Handy hat Gero auch», meinte Jule. «Ja? Das ist aber nicht so gut», sagte Carla. «Irgendwas ist mit dem Akku, das kann man nicht mehr reparieren, das muss ich wegwerfen.» «Ach, wenn das Gero hören könnte. Seine große Liebe wegwerfen? Würde ich ihm das hier hinlegen und behaupten, es wäre seins, der würde anfangen zu heulen.»

Am nächsten Morgen. Gero beschäftigte sich im Bett schon wieder mit seinem Handy. Dann stand er auf und ging, Überraschung, unter die Dusche ... ohne Handy! Da schnappte Jule sich Carlas altes Handy, das sie mitgenommen hatte, öffnete die Badezimmertür und «Ey, Gero, du hast dein Handy vergessen, fang!», warf es ihm entgegen. Gero versuchte, das Handy zu fangen, es entglitt ihm und fiel in das knöchelhohe Wasser. Gero stöpselt beim Duschen immer den Stöpsel rein, weil er gern warme Füße hat, der alte Warmfußduscher.

«Mein Handy! Bist du krank, ey?! Mein Handyyyyy!»

«Mach Mund-zu-Mund-Beatmung, vielleicht kannst du es retten?», grinste Jule und schloss die Tür. Sie hinterließ einen jammernden Freund, der sofort den Akku herausnahm und ihn auf die Heizung legte.

«Es tut sich nichts mehr, es ist kaputt, es ist kapuhuutt!», rief er aus dem Badezimmer.

Mit zornrotem Gesicht, vielleicht war es auch heulrot, stürmte der frische Handywitwer aus dem Bad in die Küche: «Wieso hast du das getan? Bist du jetzt völlig krank, oder was?»

«Was getan? Wovon sprichst du?», sagte Jule, die so tat, als hätte sie die ganze Zeit ruhig am Tisch gesessen und ihren Tee getrunken.

«Mein Handy ins Wasser da, werfen, ey, was wohl sonst?», stammelte Gero.

«Was ist mit deinem Handy? Ich habe hier gesessen und Tee getrunken. Das musst du geträumt haben. Dein Handy liegt doch im Schlafzimmer.»

«Im Schlafzimmer? Von wegen, das liegt im … Oder was hast du damit gemacht? Gut, ich seh nach.»

Gero stiefelte ins Schlafzimmer, während Jule lautlos ins Bad schlich, Carlas Handy von der Heizung stibitzte, es in der Küchenschublade versteckte und sich wieder an den Tisch setzte. «Hier ist es ja wirklich!» Gero kam wie ausgewechselt freude-strahlend in die Küche. «Und es funktioniert auch noch.»

«Na, siehst du. Aber beim nächsten Mal werfe ich es ins Klo.»

«Wie beim nächsten Mal?»

«Wenn du beim Sex noch mal auf dein Handy guckst.»

Handy-Maniac 1

«Jajaja, mach ich nich, aber wie, ey, Moment, aber das hier hast du doch gar nicht ins Wasser geworfen ... häh? Wie hast du das gemacht?»

«Was gemacht?»

«Jetzt kapier ich gar nichts mehr. Moment, Moment, jaaa! Du hast noch ein Handy.»

«Gero, jetzt mal im Ernst, du hast ein echtes Problem mit deinem Handy, wenn du jetzt schon Gespensterhandys siehst.»

«Ich lass mich nicht verarschen, du hast noch ein Handy, oder hier stimmt was nicht. Also sag, wo hast du das Handy?»

Jule war zu weiteren Auskünften nicht bereit und ließ ihn in seiner Unwissenheit leiden.

Mitten in der Nacht wurde Gero wach und fragte: «Wo ist das andere Handy? Sag schon!» – «Nerv nicht, ich muss schlafen.»

Gero hat nicht herausgefunden, wo Jule das zweite Handy versteckt hatte. Ein ernstes Gespräch zwischen Jule und Gero über Handys, Respekt und Zuwendung war gut verlaufen, so dachte Jule jedenfalls. Aber der gespielte Tod seines Handys verflüchtigte sich in Geros Erinnerung, und die alte Smartphone-Liebe wuchs und wuchs.

Handy-Maniac 2

Was blieb Jule also übrig? Trennung? Das Feld räumen? Und sich geschlagen geben? Von einem Smartphone? Nein, so schnell nicht. Einen Versuch musste sie noch unternehmen.

Der Trick: Ich flieg auf dich
Von Jule, 25, für ihren Freund Gero, 29

Drei Wochen später. Kurz bevor Gero das Haus verließ, zog Jule sein Handy aus seiner Bürotasche. Gero ging hinaus, Jule öffnete das Fenster und rief: «Ey, du hast dein Handy vergessen!» «Ich? Nein, das hab ich doch ...» Gero fühlte in seine Tasche. In der Tasche war es nicht, in seinem Jackett auch nicht. «Stimmt, warte, ich hol's mir.» – «Nein, hier, ich werf's runter.»

«Neiiiiin!» Und zack, flog das Handy aus dem dritten Stock, knallte hart auf dem Bürgersteig auf und bot dem vor Schreck erstarrten Gero einen Blick auf die weitverstreuten Eingeweide.

«Tja, wo die Liebe hinfällt», rief Jule süffisant. Gero überlegte kurz und erholte sich von dem Schreck: «Ha! Das war das andere Handy, richtig?»

«Jaja, du hast recht.» Jule zog ein zweites Handy hervor. «Deins ist hier. Das heißt, das glaube ich. Hm, du hattest deins doch ganz ausgeschaltet, oder?» – «Nein, wieso?» – «Ups.»

Gero war mit den Nerven runter, hatte die Wahnsinnige jetzt etwa doch sein Handy heruntergeworfen? Er rannte die Treppen hoch und wollte mal so richtig Dampf ablassen, da zeigte Jule ihm sein intaktes Handy.

«Reingefallen, haha!»

«Boah, ich, ich, ich werde ...»

«Was wirst du? Du weißt nicht, wie viele Handys ich noch habe, oder? Ich spiele dieses Zerstörerspiel so lange, bis du endlich lernst, dich zu benehmen. Also?»

«Ich versuche es.»

«Na also. Du bist doch fast so klug wie ein Smartphone. Super!»

Wir wissen nicht, wie lange Jules Trick gehalten hat. Sie hat aber zum Schluss noch auf eine Frage geantwortet, die wir gar nicht gestellt hatten. «Ich weiß, das ist eigentlich voll arm. Aber was soll man machen, wenn man einen wie Gero sonst mag? Ich sehe das mit dem Handy eher wie eine Sucht. Es gibt aber noch keine Klinik dafür. Außerdem, ich wohne ja in einem Dorf, nicht in der Stadt. Da gibt's nicht so viele Alternativen zu Gero.»

Wir haben Jules Standpunkt verstanden und nennen das Dorf ohne ausreichend akzeptable Alternativen für Jule aus Rücksicht auf die männliche Bevölkerung hier nicht.

Zuhören

Männer hören nie zu, es sei denn, es geht um Sex.

Lassen wir diesen Satz doch einen Moment ruhen. Betrachten wir ihn wie einen frisch eingeschenkten Wein. Wir schnuppern an ihm, halten ihn gegen das Licht, begutachten die Farbe, lassen ihn über unsere vorurteilsfreien Geschmacksknospen gleiten und verleiben ihn uns ein. Und? Wie schmeckt er? Ist er glaubwürdig? Oder schenkt uns da jemand ein abgestandenes, völlig verstaubtes Geschlechterstereotyp ein?

Svenja meint, dieser Satz sei so wahr wie der Satz: *In vino veritas*. Sie ist sich bei ihrem Mann Oskar ganz sicher, dass er bei vielen Gesprächen nur körperlich anwesend ist. «Ich weiß, wann Männer bei der Sache sind und wann nicht. Bei den einen ist es Fußball, bei den anderen sind es Autos, aber bei allen ist es Sex.»

Das klingt recht enttäuscht, aber das ist Svenja gar nicht: «Es ist nicht so schlimm, wie es sich anhört. Ich rede ja auch viel, wirklich viel. Da muss er auch nicht jedes Wort auswendig wiedergeben können. Aber manchmal ist es eben auch wichtig, und er hat schon ganz oft Termine verpennt.»

Svenja: «Oskar, wir müssen morgen einen Großeinkauf machen, wenn am Samstag unsere ganzen Freunde kommen, brauchen wir noch Zutaten für Salat und so weiter. Wir treffen uns nach der Arbeit um halb fünf vor dem Großmarkt.»

Oskar blickt durch Svenja hindurch und bestätigt müde: «Hm, ja, hm.»

Svenja: «Um halb fünf vor dem Großmarkt.»

Oskar: «Hm, ja, hm.»

Sicher würde Oskar diesen Termin wieder verpassen, aber ...

Der Trick: Männer hören nie zu,
es sei denn, es geht um Sex

Von Svenja, 32, für ihren Mann Oskar, 35

Svenja: «Um halb fünf vor dem Großmarkt, da gibt es Sexspielzeug im Angebot.»

Oskar erwacht: «Was? Wo? Bei welchem Markt?»

Svenja: «Morgen um halb fünf vorm Großmarkt.»

Oskar: «Um halb fünf? Okay!»

Svenja: «Ja, trag dir den Termin ein, wir gehen dann einkaufen.»

Oskar: «Hast du nicht was von Sexspielzeug gesagt?»

Svenja: «Ich, wieso?»

Oskar: «Ach, du nimmst mich auf den Arm, schon gut.»

Svenja: «Ja, tue ich, aber wann treffen wir uns morgen?»

Oskar: «Halb fünf vorm Großmarkt.»

Svenja: «Sehr gut.»

Jetzt könnte man denken, ach der Oskar, der ist doch nach diesem kleinen Wachmacher wieder eingeschlummert. Ja, aber die Uhrzeit hat er sich mit der Verbindung «Einkauf-Sex-halb-fünf» gemerkt. Unauslöschlich ins Gehirn eingebrannt. Ob er will oder nicht. Er ist ein Mann und seinem Trieb erlegen.

Svenja weiß, wenn sie irgendetwas Sexuelles einstreut, wirkt das immer auf ihn. Sie sagt, so würde sie Oskar «bei der Stange halten». Jaja, schon gut, schon gut, das hat *sie* gesagt, nicht wir. Wir haben versprochen, diesen Wortwitz ins Buch zu schreiben, also hier ist er. Wir bewerten ihn nicht. Okay? Gut. Wie auch immer, für Svenja scheint diese Strategie zu funktionieren:

«Und dann, Oskar, dann müsste ich nächste Woche noch die Gardinen waschen, dann könntest du mir helfen, die wieder aufzuhängen, die wiegen ja über SEX Kilo, die Gardinen.»

«Wir müssen noch den LohnsteuerjahrSEXabschluss machen. Du weißt, die sind beim Amt sehr PENISbel.»

«Du könntest mir beim Kochen helfen, ich schäle die Kartoffeln und du schNIPPELst die Bohnen.»

Alberner Trick? Aber er funktioniert. Und das ist nicht verwunderlich. Ein Team von Wissenschaftlern hat die Kommunikation von Männern und Frauen beim ersten Date untersucht. Und zwar mit Messungen von Gestik, Mimik und besonders von den Augen. Das Ergebnis: Sobald die Frauen auch nur ansatzweise über ein sexuelles Thema sprachen, wurden die Männer sofort deutlich aufmerksamer. Und das bei ganz normalen Frauen. Das waren keine besonderen ... wie würde Svenja sagen? ... KOITUSsis.

Das Ergebnis der Messungen sah ungefähr so aus ...

Wann Männer zuhören:

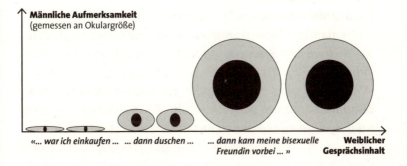

Du bist wie deine Mutter

Wer zu seiner Mutter ein 1-a-Hundertprozent-Superduper-Besser-gehts-nicht-Verhältnis hat, der antwortet auf den Satz «Du bist wie deine Mutter» mit einem fröhlichfruchtigen: «Echt? Danke! Das ist voll lieb von dir. Du bist ja total nett.»

Haben Sie diese Antwort schon einmal gehört? Nö? Wir auch nicht. Denn wenn so ein super Mutter-Kind-Verhältnis gängiger Standard wäre, sähe unsere Welt ganz anders aus. Ganz ohne Mutter-Kind-Probleme hätten wir:

- einen gewaltigen Anstieg arbeitsloser PsychologInnen
- einen dramatischen Qualitätseinbruch bei den künstlerischen Berufen
- einen gewaltig dramatischen Bonitätseinbruch bei den kompensatorischen Berufen, also den Berufen in den Wirtschaftsbereichen Geld-machen-statt-Mutterliebe-Bekommen
- einen sanften Aktienkurseinbruch der Pharmaindustrie wegen des Konsumrückgangs bei den Psychopharmaka

«Einen sanften Aktienkurseinbruch», würde der Börsianer in der ARD sagen, «weil der Konsumrückgang der Psychopharmaka durch die arbeitslosen PsychologInnen teilweise wieder aufgefangen wurde.»

Trotzdem: ein totales Chaos! Unser herzallerliebstes Bruttosozialprodukt bräche zusammen. Deutschland, eben noch an der Spitze, wäre jetzt Schlusslicht Europas. Ein Satz wie ein Horrorfilmtitel: «Deutschland, Schlusslicht Europas.»

Fazit: Ein gutes Mutter-Kind-Verhältnis ist schlecht für die Wirtschaft. Und was schlecht für die Wirtschaft ist, das haben wir schon in der marktkonformen Schule gelernt, ist schlecht für uns. Also ist ein schlechtes Mutter-Kind-Verhältnis gut für uns. Alles klar? Nein? Mareike versteht diesen Ansatz auf Anhieb.

Sie stuft das Verhältnis zu ihrer Mutter volkswirtschaftlich sehr positiv ein.

«Du bist wie deine Mutter», trifft also Mareike ins Mark und auch andere Töchter, die sich über ihre Mütter, sei es zu Recht oder zu Unrecht, beklagen und die Schreibweise der Redensart «Sie ist Gans die Mutter» absichtlich ändern. Sie möchten nicht mit ihnen verwechselt werden. Dieser Wunsch stößt bei Heiko so wie bei vielen Männern auf taube Ohren. Darum muss Mareike zu einem tollkühnen Trick greifen, der zeigt, dass Humor trotz aller Widrigkeiten des Paarlebens die Oberhand behalten kann.

Der Trick: Schlüpferstürmer
Von Mareike, 38, für ihren Mann Heiko, 46

«Du bist wie deine Mutter!» Dieser Satz von Heiko hallte gerade noch nach, als Mareike verärgert dachte: «Na gut, dann entspreche ich doch mal dem Bild, das er ohnehin von mir hat.» Am Abend ging Mareike früh zu Bett. Heikos hellwache Sinne meldeten das sofort an sein Gehirn, das Heiko wie immer zwei Möglichkeiten zur Auswahl ließ:

1. Mareike geht früh ins Bett. Sie ist wirklich müde.

2. Mareike geht früh zu Bett. Sie möchte müde gemacht werden.

Zwischen Partnern genügen manchmal ganz kleine Gesten, winzig kleine Veränderungen der Tonlage, um einen großen Effekt auszulösen. Heiko war sich sicher, jetzt gibt's Sex. In dieser Stimmung betrat er das Schlafzimmer und fand seine Frau mit breitem Grinsen vor. Sie hatte sich die Bettdecke bis zum Hals gezogen und sich keusch eingekuschelt. Jetzt war sich Heiko noch sicherer, dieses Gesicht kannte er sehr gut. Er warf seine

Jeans achtlos auf den Boden, schmiss das T-Shirt hinterher, glitt an Mareike heran, zog langsam ihre Bettdecke weg und erschrak: «Was hast du denn da an? Was ist das denn für ein oller BH? Und, ähhh, was ist das für ein riesiger Schlüpfer? Und sind das ... sind das Stützstrümpfe?»

«Ja, toll, oder? Endlich bin ich so, wie du mich willst.»

«Waas?»

«Na, wie meine Mutter. Du sagst doch, ich wär wie meine Mutter. Na, bitte. Jetzt bin ich wie meine Mutter. Das sind die Klamotten, die sie heute noch anhatte.»

Mit einem Satz sprang Heiko aus dem Bett, so als ob er einer giftigen Schlange entkommen müsste. «Iiih, zieh das aus!»

«Ja, was denn nu? Erst soll ich wie meine Mutter sein und dann wieder nicht. Entscheide dich mal.»

«Das ... also ... Waaas?»

Heiko brauchte noch eine Weile, um das, was hier gerade passiert war, richtig einordnen zu können. Er dachte nach. Nur das führte zu nichts außer: Bin ich bekloppt? Sag mal, bin ich bekloppt? Schließlich brachten Heikos hellwache Sinne sein Gehirn doch noch zu einer Erkenntnis: «Du meinst also, weil ich dich mit deiner Mutter vergleiche, ziehst du jetzt ihre Unterwäsche an?»

«Richtiiich! Super, Heiko! Und das mache ich so lange, wie du mich mit meiner Mutter vergleichst. Und überleg dir das gut. Ich bleibe nicht bei der Unterwäsche. Bei der nächsten Party von dir leihe ich mir auch Muttis Abendgarderobe. Du weißt schon, das lange lila Kleid mit der goldenen Brosche, das dir so gefällt.»

«Schon gut, schon gut, schon gut. Ich sehe es ein. Mein Gott, hätte ich gewusst, wie sehr dich dieser Satz nervt, dann ...»

«Ich habe versucht, es dir zu sagen.»

«Ja, aber jetzt hab ich's echt kapiert.»

«Prima, dann komm ins Bett.»

«NEIN! Erst ziehst du das aus!»

«Jaja, mach ich, und jetzt beruhig dich wieder.»

«Und dann dusch dich noch!»

«Jetzt drehst du durch.»

Mareike hat hier offenbar eine wirklich todsichere Waffe entwickelt. Heiko reagierte eindrucksvoll auf ihren kleinen Beziehungstrick. Gott sei Dank. Was wäre wohl passiert, wenn ihm das Outfit gefallen hätte? Darüber, liebe Leser, möchten wir nicht nachdenken. Sie? Ach, jetzt müssen Sie das, weil wir es geschrieben haben? Tja, Lesen kann ein Abenteuer sein, oder?

Richtig hinsehen

Um die großen dramatischen Umwälzungen ihres Lebens leichter bewältigen zu können, brauchen Männer Rituale. Müssen sie sich zum Beispiel von einem geliebten Menschen verabschieden, stoßen sie bei der Trauerfeier auf den Verblichenen ausgiebig an. Jede Träne muss mit mindestens einem Bier kompensiert werden, um einen geordneten Flüssigkeitshaushalt aufrechtzuerhalten. Müssen Männer sich von einem geliebten Abschnitt ihres eigenen Lebens verabschieden wie dem Junggesellendasein, stoßen sie auch hierauf ausgiebig an. Rituale haben bei Männern fast immer etwas mit Saufen zu tun. Wenn Frauen in unserer Gesellschaft diese Rituale gleichberechtigt leben möchten, kann der direkte Weg sie also nur in die nächste Kneipe führen, zum Junggesellinnenabschied. Einzig der standardisierte Abschluss dieses Männerrituals, der Puffbesuch, müsste von engagierten Feministinnen noch häufiger angestrebt werden, um Männern rituell ebenbürtig zu sein.

An so etwas verschwendeten Lea und ihre Freundinnen beim Junggesellinnenabschied von Ellen keinen Gedanken. Sex on the beach war im Moment noch ihre einzige Leidenschaft. Dieser Cocktail beflügelte auch die letzten drei übrig gebliebenen Frauen, die schließende Bar zu verlassen und bei Lea noch einen Absacker zu genießen. Unterwegs drehte sich alles um die highsten High Heels und die heißesten Klamotten. «Bei meinem Stefan ist es aber total egal, was ich anziehe», meinte Lea. «Der Stefan ist voll blind, ich meine, er kann zwar sehen, ja, aber er sieht nichts. Er guckt, ja, aber er sieht nichts.»

Woraufhin Ellen meinte: «Ich gehe grad zwar genau hinter dir, Lea, aber ich kann dir trotzdem nicht folgen. Verstehste den Gag, Lea, wegen folgen?»

«Nee, versteh ich nicht, egal, pass auf: Also ich steh vor Stefan und frage ihn, was ihm an mir auffällt, und was macht der? Der guckt nur blöd und sagt: ‹Weiß nich.› Und ich frag noch mal und er wieder: ‹Weiß nich.› Und ich stehe vor ihm mit 'ner neuen Jeans, mit 'nem neuen Top, neuen Schuhen ... sogar der Lippenstift war neu. Aber dem fällt nix auf, gar nix. Wofür geht man denn da Shoppen? Also, Mensch, der hat doch dieses Dings, dieses Aufmerksamkeitsdezifittssyndrom.»

«Defizitsyndrom», korrigierte Ellen mit letzter Kraft.

«Genau, der kann nicht mal eine Sache gleichzeitig machen, von wegen Mutti asking wie wir.»

«Du meinst Multitasking?»

«Genau, der muss einmal lernen richtig hinzugucken, das müsste der lernen, der braucht eine Lektion, damit er wieder offene Augen hat für alles ...» Leas Augen öffneten sich in diesem Moment weit, ihr Gesicht hellte sich auf und sie kicherte: «Hihi, für alles was er sieht, hihi.»

Ihr plötzliches Lachen konnten ihre alkoholisierten Mitstreiterinnen nicht so recht einordnen. Bis Lea auf den Wagen vom Hermes-Versand deutete, den Stefan dort parkte, weil er in den Semesterferien gern den Paketboten à la King of Queens macht. Der designierten Graphikdesignerin Lea kam eine Idee, die wieder einmal belegt, zu was Menschen mit der richtigen Dosis Alkohol fähig sind. Sie erkannte plötzlich, wofür ihr Graphikdesignstudium wirklich nützlich sein konnte. Das Ergebnis dieser Erkenntnis ist ein Trick, der das Aufmerksamkeitsdefizitsyndrom von Stefan für immer heilen könnte.

Der Trick: Intimer Lieferservice vom Götterboten

Von Lea, 23, für ihren Freund Stefan, 25

Lea und ihren Saufkumpaninnen kam gelegen, dass Maler nebenan seit einiger Zeit mit Renovierungsarbeiten beschäftigt waren. Sie schoben die Bauabsperrung beiseite und fanden in einer Kiste weißes und schwarzes Abklebeband. Mit dem weißen Klebeband deckte Lea auf dem Lieferwagen bei «Hermes» den hinteren Bogen vom «m» ab. «Hernes» stand jetzt da. Lea tauschte das weiße gegen das schwarze Klebeband, schloss mit einem Streifen unten das «n» und verlängerte mit einem weiteren den vorderen Bogen. Aus «n» wurde «p». Feixend stürmten die Junggesellinnenabschiedsteilnehmerinnen, wie sie offiziell heißen, ins Haus.

Am nächsten Morgen stieg Stefan zusammen mit seinem Aufmerksamkeitsdefizitsyndrom in den Wagen. Er schaute mal wieder nicht genau hin, startete und fuhr seelenruhig den ganzen Tag als «Herpes»-Versand durch die Stadt. Passanten, die sich vor Lachen kringelten, nahm er während seiner Schicht genauso wenig wahr wie den neuen Schriftzug. Das war der Höhepunkt eines Junggesellinnenabschieds, der einem Puffbesuch in nichts nachsteht. Denn ein «Herpes-Versand» kann man nach einem Puffbesuch schließlich auch werden.

Erst als Stefan abends nach der Schicht aus dem Auto stieg, fiel es ihm auf und er aus allen Wolken: «Scheiße, Herpes! Woher hab ich das denn?» Ein bestimmt nicht selten gesprochener Satz in unserer Welt. Doch Lea verschwieg ihm, wer dafür verantwortlich war, und sagte nur: «Das passiert, wenn man nicht richtig hinguckt, Stefan. Du bist einfach nicht aufmerksam genug. Das merke ich auch, mich guckst du auch nie richtig an.»

«Ich dich? Doch, klar. Wieso, hast du etwa auch Herpes?»

«Nein, hab ich nicht. Aber ich rate dir in Zukunft, mich etwas genauer anzugucken.»

«Äh, ja, das werde ich machen.» So ganz genau wusste Stefan nicht, was gemeint war. Aber es erschien ihm in diesem Zusammenhang sicherer, seine Freundin genau zu betrachten. Schaden kann es ja nicht, dachte er.

«Ist es ungerecht, so etwas zu machen?», fragten sich die drei Freundinnen später schuldbewusst. «Ja, ist es», meinte Ellen. «Was kann denn der Hermesversand dafür, dass Stefan bei ihm arbeitet?» – «Stimmt!», sagte Lea, «Stefans Aufmerksamkeitsdefizitsyndrom auf einen Einzigen abzuwälzen, ist ungerecht. Aber demnächst fährt Stefan auch für TNT Express. Und wenn das mit ihm bis dahin nicht besser geworden ist, habe ich schon eine Idee, wie wir seine Aufmerksamkeit noch einmal testen können.» Lea nahm ein Blatt Papier, schrieb «T N T – e x p r e s s» darauf und malte dann nach dem ersten T ein U und nach dem zweiten T ein E.

Sicherheitsinformation:

Fremdes Eigentum, und darum handelt es sich bei diesen Paketdienstwagen, zu beschädigen, umzugestalten oder geschädigte oder umgestaltete Paketdienstwagen in Umlauf zu bringen, ist strafbar und wird mit einer Freiheitsstrafe … na, Sie wissen schon.

Paaranoid, Junkmail for you

Franka und Lutz teilen ihr Leben miteinander, eine Wohnung und sogar die meisten politischen Ansichten. Nur bei einem Thema sind sie komplett verschiedener Ansicht, beim Thema Datenschutz. Lutz nimmt das Thema sehr ernst. Franka hingegen ist es total wurscht, ob ihre Handydaten von der NSA gespeichert werden und ob Facebook oder andere ihre Daten abgleichen, verkaufen oder, Zitat: «Sie sich wo reinschieben, wenn es sie glücklich macht». Sobald Lutz sie mit dem Thema nervt, führt sie ein aus ihrer Sicht schlagendes Argument ins Feld: «Wenn ich mich beim Datenschutz jemals so angestellt hätte, würden wir heute hier doch gar nicht zusammensitzen. Als wir uns kennenlernten, habe ich dir schließlich meine Telefonnummer gegeben, oder?»

Lutz möchte nicht mit der NSA verglichen werden, er möchte nur, dass Franka im Internet nicht so leichtfertig ihre Daten preisgibt. Er ist enttäuscht darüber, wie seine schönen Argumente für einen sensibleren Umgang mit Daten im Starrsinn seiner geliebten Freundin einen hässlichen Gegner gefunden haben. Was bleibt ihm also anderes übrig, als auf eine List auszuweichen?

Der Trick: Junkmail for you
Von Lutz, 31, für seine Freundin Franka, 25

Wir wissen es, irgendwo auf der Welt sitzen jetzt gerade in einem Büro hundsgemeine Junkmailversender und zermartern sich ihre grässliche Gehirngrütze darüber, wie sie uns schon in der Betreffzeile mit rührender Besorgnis ansprechen können:

«Alte, schlaffe Haut? Hier, die neue Wunderpille von Dr. Doofkopp!»

«Potenzprobleme? Jetzt Viagra günstig im Doppelpack bestellen.»

Weil darauf mittlerweile nicht einmal mehr Menschen mit mentalen Potenzproblemen reagieren, haben sie ihre Methoden verfeinert. Bei einer Betreffzeile wie «Re: Herr Müller, bitte Rückruf wegen Krankenversicherung» wird schon manch einer stutzig. Vor allem, wenn man wie Lutz einen Herrn Müller bei der Krankenversicherung kennt. Sicher, ein Zufall. Aber Lutz wollte so einem Zufall bei Franka etwas nachhelfen.

Er meldete sich bei einem der vielen Provider mit einer Fake-Identität an und trug als Name «Consumer Connection» ein. Dann wartete er, bis Franka mal wieder einen Konsumentenwunsch äußerte. Das heißt, er musste nicht warten.

«Lutz, ich hab überhaupt keine Hosen mehr.»

«Du hast doch eine an.»

«Machst du Witze? Weißt du, wie alt die ist? Und die andern erst.»

«Du meinst also, du hast nur noch alte Hosen?»

«Ja.»

«Hosen, die so alt sind, dass sie nur noch dahinvegetieren und nichts mehr von ihrem Hosenleben haben, also Hosen, die nur noch künstlich am Leben erhalten werden und die hosenunwürdig leiden und bei denen es die moralische Pflicht ist, ihnen den Gnadenstoß zu geben?»

«Genau so ist es.»

Kurze Zeit später surfte Franka im Internet. Lutz wartete ein paar Minuten, dann schickte er von seinem gefakten Konto diese E-Mail ab:

Betreff: «Hosen im Supersonderangebot»

Liebe Kundin,
wir sind ein weltweit operierendes Consumer-Unternehmen mit
Connections in allen Distributionen. Wir bieten Ihnen einmalige
Informationen zu Angeboten, die Sie zeitnah exklusiv nutzen
können.
Unser heutiges Angebot finden Sie hier:

(Und hier verlinkte Lutz einfach ein Hosenangebot von einem
bekannten Internethandel.)

Ihre Consumer-Connection
Global Consumer Information AG

«Ach, was ist das denn?», Franka klickte auf den Link und wunderte sich. Leider wunderte sie sich nur sehr kurz, dass sie so schnell ein Angebot bekam. Und dazu noch per E-Mail. Der gefakte Angriff von Lutz auf Frankas Identität verlief im Nichts. Beim nächsten Mal äußerte Franka den Wunsch nach einem Schal. Lutz schickte ihr eine Mail mit der Betreffzeile: «Franka, jetzt Winterkleidung, Schals und Mützen stark reduziert». Da aber auch andere Junkmails schon mal den Namen in der Betreffzeile unterbringen, unternahm Franka auch dieses Mal nichts.

Daran sieht man, wie abgehärtet wir in diesen Dingen sind. Vor zwanzig Jahren hätten wir uns eine Woche lang gewundert, wäre uns von einem Fremden ein so persönlicher Brief gesendet worden.

Erst bei der Mail: «Franka, wir liefern in eure 90-Quadratmeter-Wohnung in die Schillerstraße 8» wurde Franka endlich stutzig und kam auf Lutz zu.

«Die schreiben, sie liefern direkt in die Schillerstraße 8. Woher wissen die unsere Adresse?»

«GPS-Ortung», meinte Lutz abgeklärt und ließ sich nichts anmerken.

«Auch die Quadratmeterzahl der Wohnung?»

«Ja, keine Ahnung, hast du vielleicht mal ne Wohnung gesucht oder so und etwas angegeben.»

«Ja, aber in der Mail stand auch meine Hosengröße, meine Lieblingsfarbe und dass ich mal ein Mittel gegen Verdauungsstörungen gekauft habe.»

«Das wirst du auch mal irgendwann irgendwo angegeben haben.»

«Ein bisschen unheimlich ist das schon.»

Jetzt hatte Lutz Franka da, wo er sie haben wollte, und schickte ihr den Gnadenstoß. Denn das Argument «Was soll schon passieren mit den vielen Daten, wem kann das schon schaden?» wollte Lutz auch noch aushebeln.

Betreff: Franka, Sie bekommen Besuch!

Liebe Kundin,

wir haben Ihre Daten an verschiedene Unternehmen unseres Vertrauens weitergeleitet.

1. Immobilienmakler: Ihre Wohnung wird bald sicher zu klein sein für Sie, Ihren Freund und Ihr Baby.

2. Private Altersvorsorge: Damit Sie trotz Ihres Erlebnis-Shoppings im Alter nicht ohne Absicherung dastehen.

3. Krankenversicherung: Eine Versicherung, die Ihnen einen attraktiven Tarif unterbreitet, der Ihre Verdauungsstörungen voll berücksichtigt.

Vertreter dieser Unternehmen werden Kontakt mit Ihnen aufnehmen. Laut unserer Onlinedatenbank ist die Wahrscheinlichkeit, dass Sie heute am 14. Oktober um 18.30 Uhr anzutreffen sind, am größten.

Ihre Consumer-Connection

Global Consumer Information AG

«Die wollen hier heute vorbeikommen? Die schicken hier Versicherungsvertreter vorbei? Jetzt gleich? Wie soll das gehen? Die ticken wohl nicht ganz richtig, also ich bin nicht zu Hause.»

«Moment mal, da steht, wir bekommen ein Baby?»

«Nein, ich habe für Gitte nach Babykleidung gesucht, was soll das? Ich werde die verklagen.»

«Mit welcher Begründung? Weil du denen Daten gegeben hast? Dazu hat dich niemand gezwungen. Aber beruhige dich, ich denke nicht, dass die hier jemanden einfach so vorbeischicken», sagte Lutz, schaute auf die Uhr und in dieser Sekunde machte es «Dingdong».

«Ahh, da sind die schon, ich fass es nicht, ich mache nicht auf.»

«Guck doch erst mal, wer da ist, du wirst dich doch nicht vor einem Versicherungsvertreter fürchten.»

«Ich mache nicht auf.»

«Jetzt mach die Tür auf, es ist für dich!»

«Nein!»

«Oha, dann mach ich eben auf.» Und das machte Lutz. Er drückte auf den Knopf der Gegensprechanlage «Wer ist da?»

«Müller, Krankenversicherung.»

«Da! Die kommen, ich hab's gewusst! Wimmel du den ab, ich bin im Schlafzimmer.»

Franka ist nämlich gar nicht gut auf Überraschungsbesuch zu sprechen. Sogar ihre Freunde müssen sich vorher anmelden. Sie mag es überhaupt nicht, überrumpelt zu werden. Es ist für sie eine fürchterliche Vorstellung, allein und unvorbereitet mit einem fremden Versicherungsvertreter am Tisch zu sitzen. Das alles weiß Lutz natürlich. Er öffnete die Tür und empfing Herrn Müller von *seiner* Krankenversicherung, mit dem er diesen Termin vor ein paar Tagen abgesprochen hatte. Es ging nur um Kleinigkeiten, das war schnell geklärt. Herr Müller ging, und die feige Franka kam wieder aus dem Schlafzimmer heraus.

«Also wenn du so ein Schisser bist, Franka, würde ich nicht jedem meine Daten geben.»

«Nee, mache ich nicht mehr. Das Thema ist durch. Wieso warst du so freundlich zu dem?»

«Wieso, der hat mir doch nichts getan. Ich habe mich sogar über einen Tarif erkundigt, ist doch nicht schlimm.» Trotz seines Erfolges hatte Lutz ein schlechtes Gewissen, darum wiegelte er hier so ab. Aber warum hatte er ein schlechtes Gewissen? Ist es nicht in Ordnung, einen geliebten Menschen vor sich selbst zu schützen, auch wenn man dabei etwas unkonventionelle Methoden anwendet? Doch ist es, könnte man meinen. Nein, auf keinen Fall, könnte man auch meinen. Denn schließlich muss jeder seine Erfahrungen selbst machen, auch wenn es schlechte sind, das nennt man Freiheit.

Verbotene Wörter

«Lebenspartner ist leider kein Ausbildungsberuf.» Dieser Satz stammt von Steffi, die wohl am liebsten einen Diplomlebenspartner hätte, aber leider an einen ungelernten Hilfsarbeiter im Beziehungsfach geraten ist, wie sie selbst sagt. Jens sieht das genauso. Wobei er sich selbst natürlich als promovierten Geschlechterforscher sieht und seiner Frau eher den Stand einer Studentin im Erstsemester zubilligen würde. So weit, so normal. Immerhin haben aber beide inzwischen erkannt, dass in ihrer Beziehung die Kommunikation ungefähr so läuft wie der Sketch von Loriot «Das Bild hängt schief», in dem ein Mann versucht, ein leicht schief hängendes Bild geradezurücken und dabei immer wieder so unglücklich stolpert, dass er ein Möbelstück nach dem anderen zerlegt, bis der ganze Raum total verwüstet ist. Wenn Steffi versucht, Jens ein wenig zu kritisieren, stolpert sie dabei immer wieder über Phrasen wie «Immer machst du ...» oder «Du hast doch noch nie ...», die das ganze Gespräch zunichtemachen. Jens genauso. Er kann es auch nicht leiden, wenn der Expartner ins Spiel gebracht wird, sagt aber selbst: «Also meine Ex hat ja auch immer so geredet und dann ...»

Müssen diese beiden tragikomischen Spaßvögel nun ihr ganzes Paarleben lang in ihrem Kommunikationskäfig gefangen bleiben? «Ja, mir doch egal, wenn die so doof sind», wäre eine mögliche Antwort. Eine andere wäre: «Nein, ist mir zwar egal, was aus den beiden wird, aber dem Untertitel dieses Buches nach zu urteilen, müsste es doch mit dem Inkonsequenzteufelchen zugehen, wenn da nicht ein hell erleuchteter, mit einem schmucken Wegweiser ausgestatteter Ausweg wartete.» So ist es.

Der Trick: Die große Schweinerei

Von Steffi, 34, und Jens, 39, füreinander

Die Idee zu diesem Trick stammt von beiden. «Zu haargenau dem gleichen Anteil!», wie sie beide versicherten. Daran sieht man, wie gut sie sich mittlerweile kennen. Der Trick funktioniert ganz einfach. Beide nahmen einen Zettel zur Hand und schrieben dort die Sätze auf, die sie vom anderen einfach nicht mehr ertragen. Es sind die üblichen Phrasen der anklagenden Verallgemeinerung wie «Immer ...» und «Nie ...» und Vergleiche mit bestimmten Menschen wie Expartner und Mütter sowie Sätze, die den anderen mit seinen Sorgen nicht ernst nehmen, wie «Mach kein Drama draus».

Jens darf nicht sagen:

Immer machst du ...

Nie machst du ...

Meine Ex hat auch immer ...

Du bist wie deine Mutter.

Davon verstehst du nichts.

Das ist nun mal so, das kann man nicht ändern.

Steffi darf nicht sagen:

Immer machst du ...

Nie machst du ...

Mein Ex hat ja auch immer ...

Mach kein Drama draus.

Keine Details, bitte.

War das jetzt schon die Pointe, oder kommt die noch?

Beide klebten ihren Zettel nun auf ein großes Sparschwein. Sobald einer der aufgelisteten Sätze ausgesprochen wurde, mussten fünf Euro ins Sparschwein des anderen gesteckt werden. Als Steffi es einmal vergaß, weil sie keine fünf Euro klein hatte und Jens sich beschwerte, sagte sie: «Mein Gott, ist doch egal, mach kein Drama draus», und schon musste sie zehn einwerfen. Der Lerneffekt war erstaunlich. Trotzdem standen am Ende des Jahres zwei gutgefüllte Sparschweine da. Jetzt hätte jeder mit seinem Geld machen können, was er wollte. Aber die beiden entschlossen sich zu einer anderen Variante. Sie nahmen das Geld aus beiden Schweinen, gingen gut essen, betranken sich und sagten einander in diesem Zustand alle Phrasen so oft wie möglich, wenn auch, dank des Alkohols, nicht immer ganz so zielsicher:

«Du bist immer wie meine Mutter, nee, wie deine, oder?»

«War das jetzt schon die Pointe, oder kommt die noch?»

«Davon verstehst du nichts.»

«Mein Ex war auch wie deine Mutter.»

«Deine Exmutter?»

Diese Entladung hielt eine Zeitlang, bis sie wiederum in die Sparschweine einzahlen mussten. Hin und wieder wurden die Sätze geändert. Aber das Spiel funktioniert nun schon seit drei Jahren. Tja, was sollen wir dazu sagen? Es gibt einfach Paare, die haben richtig Schwein. War das jetzt die Pointe, oder kommt die noch?

Lebenspartner ist kein Ausbildungsberuf. Dieser Satz von Steffi ist uns noch im Ohr, und wir denken genau wie Steffi, dass wir unseren eigenen Bildungsgrad im Beziehungsfach meist höher einschätzen als die anderen es tun. Selbstbild und Fremdbild, wie die Psychologen sagen. Das heißt Jens schätzt seinen Bildungsgrad ungefähr so ein:

UNIVERSITÄT
GÖTTZLINGEN
Fakultät für Frauenforschung

verleiht

Herrn Jens Tiborius Lesch, geb. Meinert

aufgrund der mit der Note

Summa cum laude **(ausgezeichnet)**

bewerteten Dissertation:

«Das Konzept Frau als individuell komplexe Plura-
lität im Spannungsverhältnis zu der Simplizität des
Mannes zwischen Antike und Postmoderne»

den akademischen Grad

Doktor der Genderologie (Dr. Gend.)

Göttzlingen, den 3. September 2015

Prof. Dr. Agathe Hallodri, Rektorin   Prof. Dr. Irmgard Schlingel, Dekanin

Verbotene Wörter

Steffi ist dagegen eher der Ansicht, dass er die folgende Bildungs-
stufe gerade so eben erklommen hat:

VOLKSHOCHSCHULE DINGELSHEIM

ZERTIFIKAT

Herr

Jens T. Lesch

hat vom 20.–27. August 2015

an dem Kurs:

«Frauen auch nur ansatzweise
halbwegs verstehen»

ERFOLGLOS TEILGENOMMEN

Leitung: Frau Dr. Gend. Hildegard Born-Niehrt

Lach nicht, wir streiten!

Sie leben mit einem Menschen zusammen und haben sich noch nie gestritten? Dann fühlen Sie jetzt bitte sofort Ihren Puls und riechen Sie mal. Kein Puls? Riecht es streng? Aha. Dann ist mindestens einer von Ihnen schon tot. Vielleicht sogar beide. Lebendige Menschen streiten. Das bedeutet, Jakob und Mathilda sind quicklebendig. Jetzt kommt es aber nicht nur darauf an, dass man streitet, sondern wie man streitet. In Beziehungsratgebern steht ausführlich beschrieben, wie das geht. Die Partner sollen im Streit immer bei sich bleiben, von sich ausgehen, keine einseitigen Schuldzuweisungen von sich geben und so weiter und so fort. Dort steht, dass man das Streiten lernen könne. Also im Grunde so, wie man eine Sportart lernen kann.

Aha. Dann können wir sagen: Jakob und Mathilda beherrschen die Sportart Streiten ungefähr so gut wie rasende Wildsäue Poolbillard. Das ist besonders für die Kinder schlecht, die Zuschauer in der ersten Reihe mit Dauerkarte. Sie sitzen am Poolbillardtisch und erwarten, wie ein ruhiger Stoß professionell und besonnen ausgeführt wird, und danach, dem Reglement entsprechend, der Gegner zum Stoß ausholen darf. Stattdessen sehen sie, wie die beiden Spieler wie wild mit den Queues auf Tisch und Kugeln eindreschen und anschließend in die Löcher kacken. Vorbildlich und regelgerecht ist das nicht. Am schlimmsten ist aber, dass Jakob ständig verliert, weil seine Frau spontaner und schlagfertiger ist als er. «Wie kann ich dagegen anstinken?», fragt er sich und gibt sich selbst die Antwort:

Der Trick: Trainingstermin

Von Jakob, 36, für sich, seine Kinder und seine Frau Mathilda, 32

«Streiten trainieren! Ja! Aber nicht vor den Kindern.» Wie bei Anfängern üblich, wollte Jakob unter Ausschluss der Öffentlichkeit trainieren, und das zu festen Trainingszeiten. Sein Trick: ein Streittermin.

«Du willst dich am Samstag um 15 Uhr mit mir streiten?», fragte Mathilda lachend.

«Ja, genau, am Samstag da sind die Kinder bei der Oma.»

«Oh, du sagst bei *der* Oma, aber das ist *meine* Mutter. *Deine* Mutter nimmt sie ja fast nie.»

«Hey! Darüber streiten wir am Samstag um 15 Uhr, nicht jetzt!»

«Du verlierst sowieso, gib dir keine Mühe.»

«Das werden wir ja dann sehen.»

Jakob trug den Termin in den Familienkalender am Kühlschrank ein: «15 Uhr, Streiten mit der Ollen». Woraufhin Mathilde darunter schrieb «Streiten mit dem ollen Loser.»

Samstag, 15 Uhr:

Die Kontrahenten trafen einander im Wohnzimmer. Alle fünf Sitzplätze im Raum waren leer, keine Zuschauer. Jakob begann: «So, dann mal los, dann fangen wir mal an, ja?»

Mathilda musste über diesen unbeholfenen Einstieg grinsen: «Ja, gut, dann mal los, dann fangen wir mal an.»

«Also das Thema heute ist deine Mutter.»

«Nein, *deine* Mutter, *meine* Mutter ist nicht das Thema.»

Jakob zog einen Notizblock hervor: «Aber ich habe mir aufgeschrieben, es geht um unsere Mütter.»

«Du hast dir Notizen gemacht?»

«Du nicht?»

Mathilda lachte laut los. «Und krieg ich dann eine Kopie davon?»

«Mal sehen. So, weiter. Wie ich das sehe, Mathilda, fühlst du dich verletzt, weil deine Mutter unsere Kinder häufiger nimmt als meine. So jedenfalls deine These, die du so formuliert hast. Ob die stimmt, diese These, sehen wir noch. Sehe ich das richtig?»

Mathilda bekam einen Lachanfall.

«Hey, lach nicht, wir streiten!», sagte Jakob in möglichst ernstem Ton.

«Jaja, haha, schon gut. Aber kannst du den letzten Satz auf Deutsch sagen?»

«So wird das nichts, Mathilda, gleich kommen die Kinder wieder von d e i n e r Mutter, und wir haben noch nicht fertig gestritten.»

«Gut, dann zählen wir doch jetzt einfach mal die Wochenenden zusammen, die unsere Kinder bei meiner Mutter waren, und die Wochenenden, an denen sie bei deiner Mutter waren ...»

«Ich habe erwartet, dass du das sagst. Aber es geht nicht nur um Zahlen, sondern auch um den Gesundheitszustand und die Lebenstüchtigkeit der jeweiligen Person, respektive der Mütter, also deiner Mutter oder meiner Mutter.»

«Erst mal die Zahlen, dann der Rest ...»

Nach einer halben Stunde Lachen und Zurechtweisen, aber auch ernsthaftem Austausch von Argumenten waren die beiden fertig. Jakob machte sich sehr gut, er fuhr nicht sofort aus der Haut und konzentrierte sich auf seine Notizen. Ergebnis: 3:1 für Mathilda. «Gut, wir machen dann am nächsten Samstag um 16 Uhr weiter, wenn die Kinder bei m e i n e r Mutter sind.»

«Super. Das war gut mit dem Streit», meinte Mathilda. «Ich habe noch richtig Energie übrig. Was mache ich jetzt damit?»

«Wir haben noch eine halbe Stunde Zeit, also … wir könnten uns ja auch versöhnen, ohne uns gestritten zu haben.»

«Du meinst … Oh! Aber dafür machen wir jetzt nicht auch jedes Mal einen Termin, oder? Und wenn doch, zeig mir vorher deine Notizen.»

Als Mathilda von ihrer Freundin am Mittwoch gefragt wurde, ob sie am Samstagnachmittag mit zum Sport gehe, weil die Kinder doch unterwegs seien, meinte sie: «Da kann ich nicht, da streite ich mich mit meinem Mann.»

Gleich und Gleich gesellt sich gern? Das stimmt, aber nicht immer. Mathilda ist längst nicht so organisiert und strukturiert wie Jakob. Ein Mann, der nicht nur Termine fürs Streiten macht, sondern sich demnächst womöglich auch noch Notizen für die Sextermine. Mag sein, dass bei ihm sein Büroberuf als Controller dazu einiges beisteuert. Wäre Mathilde genauso wie er, hätte sie ihm damals, als sie sich kennenlernten, nicht diese lapidare SMS geschrieben: «Hey, war nett heute, freu mich aufs nächste Mal ☺», sondern vielleicht diese E-Mail:

Liebster Jakob,

wie telefonisch besprochen, haben wir nach den gefühlstechnisch erfolgreich verlaufenden ersten beiden Treffen ein drittes Face-to-Face-Meeting terminlich anvisiert.

Ich möchte dir an dieser Stelle noch einmal recht herzlich zu deinem fachlich qualifizierten Abschiedskuss gratulieren, der sich auf meinem internen Gefühlskalkulations-Index auf Platz fünf positionieren konnte. Im weiteren Beziehungsverlauf würde ich mich sehr freuen, wenn von dir hier proaktiv eine noch höhere Indexposition angestrebt würde, um dich in der Kuss-Competition klarer vom Konkurrenzfeld abzugrenzen. Damit sich unsere Gefühlsinvestitionen möglichst bald amor-tisieren, schlage ich einen Geschlechtstermin vor. Wie im beigefügten Time-Sheet ersichtlich, liegt das angestrebte Orgasmuszeitfenster zwischen 22.45 Uhr und 22.55 Uhr. Die Abschluss-Zärtlichkeiten sind bis spätestens 23.00 Uhr einzustellen, um mit ausreichender Sleepingtime eine Body-/Mind-Regeneration asap generieren zu können.

Bitte trage in das Excel-Time-Sheet deinen angestrebten Orgasmus-Timepoint bis spätestens Mittwoch 15 Uhr ein, damit ich die Daten zeitnah einspielen und koordinieren kann.

Gern weise ich dich abschließend noch darauf hin, dass für Orgasmusaktivitäten eventuell notwendige Utensilien im Time-Sheet unter dem Punkt «Werkzeuge» eingetragen werden müssen und vom jeweiligen Geschlechtsverkehrsteilnehmer zu besorgen sind. Durch einen beiderseitig möglichst effektiven Abstimmungsprozess sind Synergien im Bereich Utensilien anzustreben.

Mit freundlichen Küssen
Mathilda
Orgateam Geschlechtsverkehr Jakob

Lach nicht, wir streiten!

Ich bin dir hörig

Katharina: «Wenn Männer ständig auf ihr Smartphone glotzen und daran herumfummeln, wirkt das auf mich, als ob sie davon abhängig wären. Ich meine, echte Männer sollten sich nicht von einem kleinen Handy dominieren lassen. Wir Frauen wollen doch einen unabhängigen Mann und keinen, der in gebückter Haltung in ein kleines doofes Gerät tippt. Wer das mal mit etwas Abstand beobachtet hat, weiß: Das sieht doch unmöglich aus. Aber wenn ich mir dagegen einen Mann mit einer Axt angucke, das sieht nach was aus. So eine Axt, die hat eine Aussage, so eine Axt, die macht ‹UHAA!›, das ist männlich. Aber so ein kleines Handyleinchen, das piept und macht ‹Kriekidingeldiihh›, und der Mann läuft sofort hin. Männer verlieren ihre Würde, wenn sie sich von so einem kleinen Handyteil versklaven lassen. Das ist meine Meinung.»

Junge, Junge, da rufen wir nichtsahnend Katharina an, weil sie uns von einem Trick erzählen will, und dann lernen wir, wie die männliche Würde mit einem «Kriekidingeldiihh» zugrunde geht. Großartig. Neben dieser Weisheit möchten wir gern noch etwas über den versprochenen Trick erfahren, aber da legt Katharina auch schon wieder los.

«Ein Mann sollte auf einen einzigen Ton hören: auf die süße Stimme seiner reizenden Frau. Da kann er losrennen. Alles andere darf der Mann ignorieren.»

Aha! Jetzt verstehen wir ein bisschen besser, worauf es Katharina ankommt. Nur wissen wir noch immer nichts von deinem Mann und dem Trick, Katharina.

«Mein Ulf, zum Beispiel», – na also, jetzt geht es los – «der rennt bei jedem Ton von seinem Handy los wie ein dressierter Dackel. Nur weil einer 'ne SMS geschrieben hat oder 'ne Whats-

App oder 'ne Mail. Aber der muss gar nicht dringend rangehen, der braucht das nicht beruflich, und er hat auch keine Affäre. Also bitte, das ist lächerlich, das habe ich ihm auch gesagt. Er ist ein sehr schlechtes Vorbild für unsere beiden Töchter. Die lernen ja, dass ein Mann aufstehen darf, obwohl seine Frau noch immer das Wort an ihn gerichtet hat.»

Jetzt ist das Bild von Katharina noch klarer. Wir lernen: Es kommt Katharina auf die richtige Versklavung an. Nicht die technische, sondern die weibliche. Da haben wir für sie noch eine Weisheit: «Freiheit, es gibt sie wirklich. Sie liegt jenseits der Mauern, die wir uns selbst errichten.» Jiddu Krishnamurti soll das gesagt haben. Wäre Katharina seine Frau hätte sie vermutlich geantwortet: «Jaja, Jiddu, und ich sage dir jetzt, wo du welche Mauern errichten darfst!»

Tatsächlich erfahren wir dann doch noch etwas über Ulf und damit über den Trick. Ulf hat ein Handy, auf dem angebissenes Obst zu sehen ist. Wir wollen keine Schleichwerbung machen, darum verschweigen wir die Marke. Katharina hat ein Handy, dessen Name sich auf Samsung reimt. Auch hier wollen wir keine Schleichwerbung machen. Auf Katharinas Handy findet sich kein einziger Klingelton, der auf Ulfs Knabberobstteil sein piepsiges Dasein fristet. Eine Verwechslung ist also unmöglich.

Der Trick: Hast du Töne?!
Von Katharina, 36, für ihren Partner Ulf, 35

Es sei denn, irgendjemand käme auf die irre Idee, die Klingeltöne von Ulfs Handy aufzunehmen. Aber warum sollte das jemand tun? Etwa um ihn zu dressieren? Ja! Denn wenn Ulf zum Handy läuft, weil er einen Nachrichtenton hört, aber keine Nachricht findet, also nicht belohnt wird, lässt er vielleicht davon ab. So jedenfalls die ausgefuchste Tricktheorie von Katharina.

Katharina drückte bei ihrem Handy die Aufnahmetaste und nahm die Töne von Ulfs Handy für WhatsApp, SMS und E-Mail auf. Das tat sie einmal ohne Pause und einmal mit ca. 20 Sekunden Pause vor dem Ton. Dann setzte sie sich aufs Sofa, blätterte unschuldig in einer Zeitschrift und drückte auf die Abspieltaste. Der SMS-Ton von Ulfs Handy erklang, und hopp! sprang der Handysklave zu seinem Technikherrchen, blickte freudig erregt aufs Display und war total enttäuscht. «Hä, ich dachte, ich hätte eine SMS bekommen.» «Du bist verwirrt, Schatz. Nur verwirrt», lächelte Katharina und blätterte weiter in ihrer Zeitschrift.

Keine fünf Minuten später ließ sie den WhatsApp-Ton erklingen, dann den E-Mail-Ton und wieder den SMS-Ton. Und hopp! Und hopp! Und hopp! Jedes Mal sprang der Handysklave auf und schimpfte: «Scheiße, kaputt, hab doch alles gecheckt, verstehe ich nicht.» – «Na vielleicht ist in deinem Apfel der Wurm drin», grinste seine listige Frau.

Hätte Ulf zu diesem Zeitpunkt nicht schon darauf kommen können, dass jemand ein Spielchen mit ihm spielt? Nein, wie so oft stand eine übertriebene Selbstsicherheit der Selbsterkenntnis im Weg. Schließlich hatte doch er selbst, der Technikherrschermann, Katharinas Handy eingerichtet, weil sie damit angeblich überhaupt nicht umgehen kann. Katharina kam für ihn als Ursache also nicht in Betracht. Außerdem hatte die durchtriebene Katharina die Töne ja auch noch zeitversetzt aufgenommen. Wenn Katharina zu ihm ins Wohnzimmer kam, sich setzte und später in der Küche Ulfs Handy bimmelte, wie konnte er da auf die Idee kommen, dass seine Frau ihre kleinen schmutzigen Finger mit im Spiel hatte? Und hopp! Und hopp! Und hopp! So sprang Ulf immer wieder auf. Ein neuer Fitnesstrend, das Handyworkout war geboren. «Er hat es einfach nicht kapiert, hat das Ding reboutet, geroutet und reschnoutet, was weiß ich, wie das heißt, nichts hat geholfen. Und wenn er besonders verzweifelt ist, muss sein Kumpel aushelfen.»

«Ich zeig das Teil morgen mal dem Dirk.»

«Ja, zeig dein Teil morgen mal dem Dirk, und nimm dein Handy mit», grinste Katharina und hatte wieder mal eine Bestätigung für ihre Handyverblödungstheorie. Denn eigentlich hätte Ulf über diese homoerotische Doppeldeutigkeit lachen müssen. Aber nein, er starrte auf sein Handy und reagierte nicht.

Der nächste Morgen. Ulf ging zur Arbeit und wurde diesmal nicht nur mit einem Küsschen verabschiedet, berichtete Katharina: «Wir wohnen im dritten Stock. Ich habe das Fenster aufgemacht, die Boxen der Anlage aufs Fensterbrett gestellt, mein Handy an die Anlage angestöpselt und den SMS-Ton abgespielt. Reflexartig griff nicht nur Ulf an sein Handy. In der Straße zogen auch sofort noch zwei andere Typen ihr Handy raus. Aber Ulf kapierte endlich, was hier gespielt wurde. Er guckte nach oben, und ich rief: ‹Na, Ulfimaus, jetzt hörste brav auf Frauchen, ja?› Er nickte voll komatös. Und ja, er hört jetzt wieder mehr auf seine Frau als auf sein Handy.»

Nachtrag:

Samstagnachmittag, belebte Einkaufsstraße. Ulf und Katharina standen am Fenster ihrer Wohnung, stellten die Boxen aufs Fensterbrett und spielten den gängigen Apfel-SMS-Ton ab. Sofort griffen ein paar Leute hastig zum Telefon. Für Ulf und Katharina ein großer Spaß. Das war nicht der letzte Samstagnachmittag, den die beiden in gemeiner Eintracht so verbrachten.

Wie lange wird diese Eintracht halten? Das Handy ist nicht zum ersten Mal Thema in diesem Buch und wird es zwischen Mann und Frau wohl auch nicht zum letzten Mal sein. Und das hat Gründe:

Konsumvergleich:

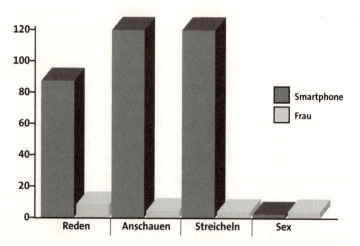

Durchschnittliche Zeit, die ein Mann täglich mit seinem Smartphone und mit seiner Frau verbringt.

Kommunikationskrise

Solange Mann und Frau noch nicht Gedanken lesen können, reden sie aneinander vorbei. Aber, ach, wenn sie erst Gedanken lesen können, dann, ja dann ... können sie endlich auch aneinander vorbeidenken.

Der Mann sagt:
«Wir haben keinen Kaffee mehr.»
Die Frau sagt:
«Aha!»
Die Frau denkt:
«Nein, ich sage nichts, ich habe keine Lust, mich zu streiten.»
Der Mann denkt:
«Kein Kaffee mehr, schade.»
Die Frau denkt:
«Wir waren einkaufen, da hättest du mal gefälligst etwas sagen können. Stattdessen kriege ich jetzt diese Vorwürfe zu hören.»
Der Mann denkt:
«Kein Kaffee, hm.»
Die Frau denkt:
«Immer soll ich für alles sorgen. Immer muss ich alles machen. Immer ich.»
Der Mann denkt:
«Kein Kaffee, tja.»
Die Frau denkt:
«Kaffee bitte, bin ich denn deine Sekretärin? ‹Noch einen Kaffee, Chef?› Selbst die Chefs kochen sich heute ihren Kaffee schon selbst, selbst die. Aber du willst, dass ich dir den Kaffee hinterhertrage, oder wie? Das fehlt mir noch.»
Der Mann denkt:

«Kein Kaffee, na ja.»

Die Frau denkt:

«Kaffee, Kaffee, Kaffee, was willst du überhaupt mit so viel Kaffee? Du wirst doch total nervös von dem vielen Kaffee, total unruhig und total aggressiv. Hörst du, der Kaffee macht a g g r e s - s i v! Verdammt noch mal! Also geh mir gefälligst nicht auf den Keks, und mach dir doch einfach einen Tee!»

Der Mann sagt:

«Kein Kaffee, na ja, dann mach ich mir eben einen Tee!»

Die Frau sagt:

«Aha! Na, also, warum denn nicht gleich so? Aber immer erst einen Streit vom Zaun brechen! Typisch!»

Der Mann sagt:

«Hä?»

Solange aneinander vorbeigeredet oder -gedacht wird, existiert wenigstens noch eine Kommunikation. Aber was macht man, wenn die Kommunikation völlig eingestellt wird?

«Wir haben uns mal so richtig gefetzt», erzählt Florian. «Ich meine so richtig, da hat keiner mehr mit dem anderen geredet. Nicht ein Wort. Nicht mal angeguckt, nichts. Das war der Horror. Totale Funkstille.»

Funkstille. Florian benutzt hier einen Begriff, der auch beim Militär bekannt ist. Uns fallen in diesem Zusammenhang spontan noch andere Militärbegriffe ein, wie «Die Liebe ist ein Schlachtfeld», «Krieg der Geschlechter», «Rosenkrieg» oder «Mit den Waffen einer Frau». Es gibt bestimmt einen guten Grund dafür, warum ausgerechnet in der Liebe so viele Kriegs- vokabeln vorkommen. Florian aber dachte beim Streit mit seiner Frau an einen ganz bestimmten Satz: «Im Krieg und in der Liebe ist alles erlaubt.» Denn er wollte wirklich alles versuchen, um

Hendrike aus ihrem Schützengraben zu locken und ihr in den Kopf zu schießen. Bitte? Nein, Moment, man muss schon aufpassen mit diesen Vokabeln. Es muss natürlich richtig heißen: «Um sie ins Herz zu treffen».

Der Trick: Papier ist ungeduldig
Von Florian, 39, für seine Frau Hendrike, 38

Florian überlegte, wie er die Funkstille überwinden könnte: «Hendrike müsste unbedingt mit mir reden wollen, es müsste etwas sein, was sie unbedingt ... sie müsste unbedingt ... ja! Das ist es! Sie müsste unbedingt, wenn sie unbedingt muss!» Keine Sorge, wir haben es zunächst auch nicht verstanden. Aber sein Plan war gut: Florian versteckte die Klopapierersatzrollen aus dem Bad und wickelte die noch in der Halterung verbliebene Rolle ab. Nur ein halbes Blatt klebte noch an der Papprolle. Jetzt musste Florian nur noch warten, bis Hendrike zur Toilette ging. Nichts passierte, er wartete und wartete und beobachtete unauffällig die Toilettentür. Das war wie im Krimi, ungeheuer spannend, ein echter Notdurftthriller. Dann passierte es. Hendrike ging ins Bad, und kurz darauf entfuhr ihr das von Florian ersehnte: «Ohhh nein! Hier ist kein Klopapier mehr!»

HA!, triumphierte er. Sie hat geredet! Das ist doch schon mal etwas. Zwar noch nicht mit mir, aber immerhin. Einige Sekunden später hörte er eine genervte Stimme aus dem Bad: «Kannst du mir mal Klopapier holen?» HA! Geschafft, dachte Florian. Sie hat mit mir geredet! Er sputete sich, brachte eine neue Rolle und sagte dann etwas Saublödes zu ihr: «Äh, apropos, äh, ich habe eben auch Scheiße gebaut.» Der Satz war so blöd, da musste selbst Hendrike lachen. Und das war es, was den Krieg beendete,

ein entwaffnendes Lachen. Sie haben wieder miteinander geredet. Und zwar ausgerechnet, das können wir uns jetzt nicht verkneifen, ausgerechnet auf dem Stillen Örtchen. HA!

Johannes Hayers,
Felix Achterwinter
**Schnall dich an, sonst stirbt
ein Einhorn!**
100 nicht ganz legale Erziehungstricks

**Diese Tricks finden Sie garantiert in keinem anderen
Buch!**

Johannes Hayers und Felix Achterwinter haben die besten
Erziehungstricks von ganz normalen Eltern gesammelt.
Obwohl: Ist Angelika normal, wenn sie bei sich selbst ein-
bricht, um ihrem Sohn das Abschließen der Haustür ein-
zutrichten? Ist Maria normal, wenn sie ihre Tochter dazu
bringt, den Sicherheitsgurt anzulegen, indem sie droht:
«Schnall dich an, sonst stirbt ein Einhorn!»? Ob normal
oder nicht, ob legal oder nicht, diese listigen und lustigen
Erziehungstricks haben tatsächlich funktioniert. Denn
Kinder lieben nicht nur Einhörner, sie lieben auch Bären.
Warum sollte man ihnen also nicht hin und wieder einen
aufbinden?

256 Seiten

Weitere Informationen finden Sie unter www.rowohlt.de

Das für dieses Buch verwendete Papier ist FSC®-zertifiziert.